혼자가 아니라는 감각

채
혜
원

혼자가
아니라는
감각

베를린
페미니즘이
우리에게
말해주는 것

No
woman*
is
alone

마티

일러두기

이 책은 2019년 7월부터 2020년 7월까지 «한겨레»에 연재한 글을 수정, 보완하고, 새로 쓴 글을 엮은 것이다.

서 문

어떤 여자도 혼자가 아니다

11

내가 베를린에서 처음 만난
페미니즘 그룹

베를린 국제주의 페미니스트 연합

23

나를 환대해준
베를린의 여성공간

국제여성공간

29

#여성공동주택

여자들이 모여 삽니다,
베기넨호프에서

39

#여성전용공간

여성들이 무언가를 보여주고
찾을 수 있는 곳

49

#파트너십

'남편' '아내'라는 단어를
쓰지 않는 도시

59

#퀴어가족

결혼하지 않아도,
혈연이 아니어도 가족

67

#트랜스젠더

"앞으로 내가 당신을
여자로 대하면 될까요?"

75

#이주배경

우리는 궁금하지 않고
그래서 묻지 않는다

85

#강제송환

카메룬에서 온 이웃,
도리스의 특별한 집들이

93

#증오범죄

연대 파티를 열자,
마리아를 위해

103

#아카이브

페미니스트의 말, 글,
목소리를 모읍니다

113

#임신중지

여성의 몸은
여성의 것!

123

#전쟁성폭력

93세 여성과 24세 여성이
맞잡은 손을 기억하다

133

#페미사이드

119명,
더 이상 누구도 죽어선 안 된다

141

#건물점거

우리가 점령한 이 집은
이제 우리의 것이다

149

#난민운동

난민운동의 발자국을
함께 잇는 방법

159

#고립깨기

자전거,
난민여성의 해방을 위한 준비

169

#직업교육

5톤 트럭
몰 수 있는 사람?

179

#여성파업

여성이 자리를 비울 때
세상은 멈출 것이다

189

#동일임금

똑같이 일하고 임금 적게 받는
여성에게는 누가 사과합니까?

199

#여성할당제

남녀평등이 이루어졌다는
착각에서 깨어나기

207

#MeToo

문화계를 바꾸는
확실한 시도들

215

#성매매

성매매가 합법인 나라,
독일의 두 여성 이야기

223

#극우반대

유쾌하게 웃으며
극우에 맞서는 할머니들

233

#한독연대

"타오르는 불길로
한국 여성 노동자에게 연대 인사를"

241

#사회주의

여성 사회주의자들이
남긴 것

251

#식민주의

내가 장미를
사지 않는 이유

261

#코로나난민

모두 알지만 아무도 답하지 않으니
그것을 모두가 말할 때까지

271

#베를린

베를린에서 만난
특별한 여자들

283

This book is dedicated to 'International Women* Space'
and all my sisters in Germany and Korea.

사랑하는 International Women* Space 동료와
독일 & 한국에 있는 나의 모든 자매들에게 바칩니다.

어떤 여자도 혼자가 아니다

No woman* is alone

코로나 바이러스 발생 이후 독일에서의 나의 일상은, 파괴됐다. 유럽 국가 중 이탈리아에서만 바이러스가 전파되고 있던 2020년 초에 길거리나 대중교통 공간에서 나를 보고 황급히 피하거나 코를 가리는 인종차별을 하루에도 몇 번씩 당했다. 존엄이 무너지는 처참한 경험이었다. 당시만 해도 많은 유럽인은 아시아인만 바이러스에 감염된다고 생각했던 것 같다. 그저 아시아인만 피하면 안전하다는 믿음 때문이었는지 아시아인에 대한 노골적인 회피와 폭력이 곳곳에서 발생했다.

그 이후로 그 정도의 인종차별은 일상이 됐다. 내 옆에 있는 사람이 갑자기 목도리를 두르거나 옷을 코까지 끌어올리면 모든 신경이 곤두서고 그 자리에서 사라지고 싶은 충동을 느꼈다. 꼭 직접적인 행위가 아니더라도 아시아인을 바이러스 취급하는 뉘앙스만 느껴져도 나를 비롯한 아시아인을 향한 공격으로 받아들여졌다. 대중교통을 이용할 때마다 눈치를 보게 됐고, 생필품을 사기 위해 마트를 가는 것도 두려워 며칠은 먹을 음식이 없어도 밖으로 나가지 않았다.

가족이나 다름없는 International Women* Space◆ (국제여성공간, IWS) 동료들이 있는 사무실에도 가지 않았다. 외출 자체를 하고 싶지 않았다. 일주일에 두 번, 월요일과 수요일 전체 회의를 제외하고는 실무그룹별로 유연하게 운영되기 때문에 매일 나가지 않아도 됐지만, 3년 가까이 사무실을 가장 자주 지킨 건 나였다. 주된 업무가 '기록'이어서 참석해야 하는 모임과 행사가 많았기 때문이다. 그러던 내가 코로나 사태가 터지고 처음으로 2주간 사무실을 가지 않았다.

2주 만에 갔을 때, 사무실은 3월 8일 세계 여성의 날 집회 준비가 한창이었다. 동료들은 그저 내가 다른 취재 일로 바빠서 오지 못했던 것으로 알고 있었다. 그때

◆ 이 책에 사용한 '여성'(woman/women)은 독일어 준말로 FLTI, 즉 여성(Frauen), 레즈비언(Lesben), 트랜스(Trans) 섹슈얼 및 인터(Inter) 섹스 그리고 남녀가 아닌 제3의 성별을 뜻하는 논바이너리(Non-binary)를 모두 포함한다. 브라질, 이스라엘, 터키, 케냐 등 전 세계에서 독일로 이주 온 여성과 난민 여성 그리고 독일 여성이 함께 일하는 국제 페미니스트 그룹 IWS의 women에 별표(*)를 붙이는 이유다. 여성 또는 여자라는 단어 안에 다양한 젠더를 포괄하기 위해 붙이는 이 표식은 IWS에, 그리고 내게 무척 중요하다. 하지만 가독성을 위해서 꼭 필요한 경우에만 별표를 붙였다.

처음으로 그간의 경험을 털어났다. 대부분 이주민과 난민 여성으로 구성된 IWS 안에서는 '나의 이야기'가 '우리 이야기'로 받아들여질 것을 굳게 믿었으므로. 멤버들은 모두 크게 분노하며, 이 문제를 공론화해야 한다고 날설득했다.

"혜원, 이건 우리가 다 함께 분노해야 하는 사안이야. 우선 성명서를 써서 발표하고 독일 언론에 보내자. 세계 여성의 날 집회에서도 넌 이 문제에 대해 발언해야 해!"

동료들의 말에 난 힘없이 답했다.

"중요한 건 지금 내가 분노를 느끼지 못한다는 거야. 난 무너졌어. 인간으로서의 존엄성을 매일 짓밟히고 있다고…"

갑자기 눈물이 터졌다. 누군가에게 말하고 나니 내가 괜찮은 상태가 아니란 걸 알았다. 내 눈물을 처음 본 멤버들은 당황한 기색이 역력했다. 제니퍼는 말없이 나를 계속 끌어안아 주었고, 리카는 따뜻한 생강차를 타주었다. 나머지 멤버들은 무언가 분주하게 움직였다. 커다란 종이에 한 달 치 달력을 그리더니 날짜와 시간을 꼼꼼하게 적고 있었다. 그러고 나서 내게 말했다.

"혜원, 여기 네가 요일별로 집에서 나오는 시간과 들어가는 시간, 대략 장 보러 가는 시간을 다 적어. 우리가 조를 짜서 시간이 되는 사람, 최소 한 명이 항상 너와 동행해줄게. 네가 어딜 가든 혼자이지 않도록."

　5년 가까이 베를린에 살면서 만난 IWS 동료를 비롯한 페미니스트들은, 곤경에 빠지거나 도움이 필요한 여성에게 언제나 이렇게 말했다.

　"당신은 혼자가 아니야. 우리는 어떤 여성도 혼자 두지 않아."

　그럼에도 난 이 메시지가 때론 답답했다. '실질적인 변화를 이끌어내려면 정책과 법이 바뀌어야지, 우리가 서로 곁에 있어 준다고 문제가 해결되진 않잖아. 그런다고 여성 폭력은 줄어들지 않고, 정부의 잘못된 난민 정책으로 인해 고통받는 우리 동료들이 고립된 상황에서 벗어날 수 없다고. 의제를 던져서 구조적인 변화를 이끌어내는 게 중요해.' 그렇게 생각했다. 베를린에서 페미니스트 그룹 활동가로 일하고 있으면서도, 한국에서 기자와 공무원으로 10년 넘게 일하며 변화를 꿈꿨던 내 안의 사고방식을 몇 년 만에 바꾸기는 어려웠다.

　하지만 이내 깨달았다. 지금 나를 맞잡아준 이 따스한 손이, 나를 혼자 두지 않으려고 일정표를 짜는 그 뜨거운 마음이 그들이 말한 연대구나. 어떤 여성이 차별과 폭력으로 인해 힘들 때, 당장 필요한 건 법과 정책의 변화가 아니라 그저 곁을 지켜주는 동지애구나.

　그날 이후 나는 다시 일어날 수 있었다. 아시아인

을 향한 인종차별을 규탄하는 성명서[♦♦]를 발표해 독일 언론에 보냈고, 이 주제를 가지고 아시아인 동료들과 베를린과 브란덴부르크주 라디오방송을 진행했다. 방송을 통해 우리는 아시아인이 겪고 있는 인종차별을 고발하고, 이 차별이 유럽의 식민주의적 사고방식과 아시아인을 열등한 존재로 여기는 의식에서 비롯된 것임을 알리고자 했다. 터키인 아버지와 한국인 어머니가 있는 독일인 저널리스트이자 비디오 프로듀서인 에스라 나연(Esra Nayeon Karakaya), 아시아 인종차별에 맞서는 네덜란드 비영리단체 아시아보이스유럽(Asian Voices Europe) 창립자인 지예 등을 직접 인터뷰하기도 했다.

IWS에서 일하면서 나는 독일 사회에 숨겨져 있는 여성 난민의 목소리도 만날 수 있었다.

한국 매체에서 보도하는 독일 난민 관련 기사를 보면, 독일이 얼마나 많은 난민을 수용하고 있는지 '숫자'

♦♦   International Women* Space, "WE'RE NOT A VIRUS! STOP ANTI-ASIAN RACISM!"(2020.02.05), https://iwspace.de/2020/02/were-not-a-virus-stop-anti-asian-racism/

만 다루는 경우가 많다. 난민이 저지른 범죄를 대대적으로 보도해 이주와 난민에 대한 혐오만 키우는 독일 기사를 부분 발췌해 번역한 보도가 주를 이룬다. 정작 독일에서 난민이 망명 신청과정에서 어떤 일을 겪는지, 정부가 지정해놓은 시설에서 어떻게 지내는지에 대한 이야기는 없다.

사실 독일에 살아도 관심을 두지 않은 한, 난민들이 어디서 어떻게 지내는지 알 수 없다. 난민 숙소는 대개 도시 외곽에 고립돼 있고, 시내에서 정착해 일하며 사는 난민 수는 지극히 적다.

IWS에서 여성 난민들을 만나고 함께 일하면서 비로소 난 독일에서 난민 여성들은 보이지 않는 곳에 있다는 것을, 그들의 이야기를 전하는 언론 매체가 없다는 것을, 그래서 그들의 목소리를 들을 수 없었다는 것을 깨달았다. 이제 그들은 독일 시민운동의 역사를 새로 쓰고 있는 난민 활동가이자, 내게는 늘 배움을 주는 동료다.

5년 가까이 독일에서 다양한 여성연대의 장을 경험했다. 정치계에서는 당론을 뛰어 넘어 여성 의원들이 의회 여성 비율을 높이기 위한 법안을 준비하고, 문화계에서는 미투 운동 이후 카메라 안팎으로 여성들이 전문성을 펼칠 수 있는 기회를 마련 중이다. 시민사회 영역에서는 전 세계 다양한 국가에서 모인 여성들이 연대해 독일 여성운동사를 써내려가고 있다. 덕분에 베를린에서 하루하루 일하며 여성연대 현장을 기록할 수 있었다. 이 모든 기록은 '베를린'이어서 가능하기도 했다. 전체 시민의 25퍼센트가 외국인이고 8만여 명의 난민이 살고 있으며, 1인 가구 비율이 52퍼센트에 이르는 도시. 그래서 IWS 멤버들은 "우리가 베를린이 아니었다면 이렇게 함께 활동하기 어려웠을 거야"라는 말을 자주 나누곤 한다.

베를린 일상에서 내가 가장 많은 시간을 보내는 IWS 사무실에 있다 보면 가끔 날 선 감정을 있는 그대로 드러내는 동료들을 본다. 어느 날은 날 것의 감정을 드러낸 동료를 품어주지만, 다른 어떤 날은 그로 인해 갈등이 생기고 큰 논쟁으로 이어지곤 한다. 처음 IWS에서 일을 시작했을 때는 정제되지 않은 감정을 있는 그대로 표출하는 동료들을 이해하지 못했다. '여기는 사무실이니 어느 정도 감정 절제는 해야 하지 않나'라고 혼자 생각했다.

시간이 지나고 나 역시 베를린에서 이주 여성으로 사는 시간이 길어지자 오히려 감정을 있는 그대로 쏟아내는 동료들을 이해하게 됐다. 그건 '우리 공간에서만큼은 안전하다'는 안도감과 '여기 있는 여성은 나를 이해해 줄 거야'라는 신뢰가 있기 때문에 가능한 행동이었다.

통제와 억압 속에 살아가는 난민 여성은 물론이고, 이주자로 산다는 건 그런 것이었다. 가지고 있는 거주 비자에 문제가 생길까 봐 교통법규 하나 어기지 않고 늘 신경을 곤두세워 지내는 삶. 온종일 외국어로 일하느라 지쳐 집에 돌아가는 길에 백인 남자들의 캣콜링이 들려도 따져 물을 기력이 없는 삶. 아시아인과 여성이라는 교차점에서 발생하는 차별 속에 사소한 절망이 이어지지만 눈에 띄지 않는 이주자가 되어서라도 나 자신을 지키고 싶은 삶.

가끔 그 삶의 무게가 무겁게 느껴지는 날에도 사무실에서만큼은 안심이 됐다. 문을 열고 들어가 세계 여기저기에서 베를린으로 모인 그녀들의 얼굴 하나하나를 마주하면 마음이 놓였다. 아무 이유 없이 갑자기 지친 기색을 보여도, 웃는 얼굴 너머에 슬픔이 그득하게 들어차 있어도 동료들은 한결같이 나를 환대해줬다. 말하지 않아도 서로를 이해했다. 그들과 함께 지내며 피부감각으로 매일 느꼈다. 난 혼자가 아니라고, 우리 중 어느 누구도 혼자가 아니라고.

'감각'. 생명과학사전에 감각은 오감 중 특히 피부감각을 의미한다고 쓰여 있었다. 일상생활을 안전하게 유지하는 데 중요한 역할을 한다는 문장과 함께. '혼자가 아니라는 감각'은 베를린에서 만난 페미니스트 활동가들이 내게 준 가장 큰 선물이자 독일 생활을 이어갈 수 있는 원동력이었다.

늘 나를 따뜻하게 품어주는 곳,

작은 나의 목소리에 귀 기울여주는 곳,

자매애와 연대가 무엇인지 가르쳐준 곳,

함께 손잡고 앞으로 나아갈 나의 자매들이 있는 곳,

행복하게 숨 쉴 수 있는 곳,

그리하여 내가 있어야 할 곳.

그곳은 한국이든 독일이든 어디든 상관없이 존재한다는 것을 베를린에서 깨달았다.

이 모든 건 2002년 겨울, 페미니스트저널 《이프》에서 시작됐다. 지금도 곁에서 큰 힘이 되어주는 페미니스트 선배들을 그곳에서 만났고, 이후 《우먼타임스》와 《여성신문》에서도 훌륭한 선배들과 동료들 덕에 성장할 수 있었다. 서울시청 여성가족정책실에서는 정책 비서와 부서 홍보담당자로 일하며 정책 영역에서 함께할 수 있는 든든한 동료들을 얻었다. 나의 모든 선배와 동료에게 존경과 사랑을 전한다.

❀

2021년, 포스트 코로나 시대를 대비해 베를린 페미니스트 활동가들은 새로운 여성운동 판을 짜고 있다. 오프라인에선 안전수칙과 거리 두기를 지키면서 집회를 열고, 다양한 온라인 채널을 통해 진행할 수 있는 행사를 조직하는 데 여념이 없다. IWS도 코로나와 관련된 모든 정보로부터 차단된 채 위험에 빠져 있는 난민시설 실태와 이주자에게 일상이 되어버린 인종차별 사례 등을 다루는 팟캐스트 방송을 기획해 지난해 7월부터 라디오로 송출하고 있다.

　　베를린 페미니스트들은 늘 '어떤 여자도 혼자가 아니라고'(No woman* is alone) 말한다. 따뜻한 동지애를 담은 연대의 메시지다. 그들의 뜨거운 자매애 덕에 독일에서 이주여성으로서 살아갈 힘과 용기를 얻었고, 안도할 수 있는 공간에서 베를린 페미니즘 역사의 일부를 이렇게나마 쓸 수 있었다. 무엇보다 한겨레신문사와 마티출판사 덕분에 이 따스한 연대의 이야기를 한국에 전할 수 있었다. 깊이 감사드린다.

여성공간에서 여성을 위해, 여성에 의해 역사를 기록하는 일은 계속될 것이다.
　　그곳이 베를린이든, 세계 어디든.

2021년 세계 여성의 날,
채혜원

IWS(국제여성공간) 활동가들(일부),
베를린 사무실에서.

필자는 '베를린 국제주의 페미니스트 연합'을 이루는 한 단체인
'Internatinal Women* Space'(국제여성공간, IWS)에서 일했다.
이 책의 많은 부분에 이 연합과 IWS가 등장하기 때문에
이해를 돕기 위해 두 단체에 대한 설명을 싣는다.

내가 베를린에서 처음 만난 페미니즘 그룹

×

베를린 국제주의 페미니스트 연합
The Alliance of Internationalist Feminists Berlin

'독일의 페미니스트들은 어디서 만날 수 있지?'

독일에 도착한 2016년 2월, 다음 달 있을 세계 여성의 날 집회에 참여하고 싶어 관련 정보를 검색해봤지만 독일어가 아직 서툴 때라 그런지 정보를 찾기가 어려웠다. 그러던 중 독일 시민단체 '코리아협의회'가 이끄는 '일본군 '위안부' 문제 대책 협의회'(AG 'Trostfrauen')를 통해 세계 여성의 날 집회를 조직하고 있다는 여성들을 만날 수 있었다. 이들은 베를린 국제주의 페미니스트 연합(The Alliance of Internationalist Feminists Berlin, 이하 '연합')이었다.

'연합'은 30여 개의 조직과 다양한 개인으로 구성된 여성 연대 네트워크다. 독일 여성도 있지만 아프리카 및 시리아 난민 여성과 세계 각국에서 베를린으로 이주한 여성이 주를 이룬다. 내가 일하는 International Women* Space(국제여성공간, IWS)도 여기 속한다.

'연합'의 시작은 2014년이었다. IWS를 비롯한 여성 그룹 세 곳이 처음으로 11월 25일 세계 여성 폭력 철폐의 날 연대 시위를 조직하기 위해 모인 것이 계기였다. '연합'은 매년 다른 그룹들이 가세하며 성장해 지금은 페미니스트 그룹만 30여 개가 넘게 모인 크고 느슨한 네트워크가 되었고, 매년 베를린에서 3월 8일 세계 여성의 날과 11월 25일 세계 여성 폭력 철폐의 날 집회를 조직하고 다양한 정치 캠페인을 벌인다.

베를린의 많은 비영리 그룹이 그러하듯 '연합'도 다양한 실무그룹으로 나뉘어 시위를 조직한다. 기술팀에서는 트럭 운전과 대형 스피커나 마이크 등 음향 장비 설치를, 프로그램팀에서는 약 3시간 동안 계속 이어지는 연설에 참여할 연사를 정하고 공연이나 퍼포먼스 등 문화 프로그램을 기획한다. 재무팀에서는 집회에 드는 비용을 후원받을 재단과 기관을 알아보고, 프레스팀에서는 기자들에게 보도자료를 배포해 집회 전과 당일 인터뷰를 담당하며, 기록팀에서는 집회의 모든 과정을 사진과 영상으로 담는다.

이 외에도 관청에 집회를 신고하고 당일 경찰과 소통하는 조직팀, 집회 성명서가 영어와 독어로 완성되면 이후 10개 이상의 다언어로 성명서를 번역해 배포하는 번역팀이 있다. 나는 매년 프레스팀과 기록팀, 번역팀에서 일했으며 팀 멤버들은 유동적으로 따로 또 같이 일했다.

2019년에는 베를린이 독일 주(州)정부 중 최초로 '세계 여성의 날'을 공휴일로 지정하면서 그 어느 때보다 많은 사람이 행진에 동참했었다. 독일의 여러 정당과 여성단체가 함께 개최한 '여성 투쟁의 날'(Frauen*kampf-tag) 집회, 가사·돌봄 등 여성 무급 노동 문제를 비롯한 노동 이슈에 대해 목소리를 높인 '여성 파업'(Frauen*-streik) 집회, 이주민과 난민 여성 이슈를 중심으로 캠페인을 펼친 '베를린 국제주의 페미니스트 연합' 집회 등에 수만 명의 여성이 참여했다.

'연합'에는 오로지 FLTI, 즉 여성(Frauen), 레즈비언(Lesben), 트랜스(Trans) 섹슈얼 및 인터(Inter) 섹스 그리고 남녀가 아닌 제3의 성별을 뜻하는 논바이너리(Non-binary)만 참여할 수 있다. '연합'이 조직하는 모든 집회와 캠페인 역시 FLTI만 참여하는 것으로 제한한다. '연합'의 프레스팀에서 일하면서 독일 기자들로부터 이 질문을 가장 많이 받았다. 왜 FLTI로 참여에 제한을 두는지에 대해. 우리는 이렇게 답했다.

"우리는 인종차별주의와 식민주의, 자본주의에 반대하는 여성과 국제주의자들의 시위를 조직하고,

모든 계급에서 더 많이 착취당하고 차별받는 FLTI의 목소리를 내는 것이 중요하다고 생각합니다. 페미니스트들은 100년 넘게 평등을 위해 싸우고 있지만 상황은 매우 느리게 변합니다. 시위에서 해방감과 안전함을 동시에 느낄 수 있는 공간이 필요해 우리는 FLTI가 이끄는 연합체를 꾸렸습니다. 우리 중 일부는 남성과 함께 투쟁하지만, 일부는 아닙니다. 무엇보다 1년 중 남성이 함께할 수 없는 우리의 시위는 단 이틀뿐입니다. 나머지 363일은 자유롭게 가부장제에 대항하는 투쟁에 함께할 수 있습니다."

베를린 국제주의 페미니스트 연합이 주최한
2020년 3월 8일 세계 여성의 날 집회에서
여성들이 저마다 피켓을 들고 연대 구호를 외치고 있다.
©채혜원

나를 환대해준 베를린의 여성공간

✕

국제여성공간
International Women* Space

베를린에서 내 가족이자 자매, 동료이자 친구인 Inter-national Women* Space(국제여성공간, IWS) 멤버들을 만나게 된 건 '베를린 국제주의 페미니스트 연합'이 이끄는 3월 8일 세계 여성의 날 집회 준비 모임에서였다.

'연합'을 만든 그룹 중 하나인 IWS는 어느 그룹보다 '연합' 활동에 적극적이었고, 함께 일하며 손발이 가장 잘 맞고 마음이 가는 멤버들은 IWS 동료들이었다. IWS는 브라질, 이스라엘, 터키, 케냐 등 전 세계에서 독일로 이주 온 여성과 난민 여성 그리고 독일 여성이 함께 일하고 있는 국제 페미니스트 그룹이다.

✼

IWS의 역사는 2012년, 1970년대부터 베를린 저항운동의 중심이었던 오라니엔플라츠(Oranienplatz)에서 시작한다. 그해 겨울, 바이에른 지역의 난민 캠프에서 한 난민이 자살한 사건을 규탄하며 전국 난민들이 이 광장에 모여 농성을 벌였다. 활동가들은 당시 비어 있던 게르하르트 하웁트만(Gerhart-Hauptmann) 학교를 점령해 거주하기 시작했고, 이곳에 처음으로 '여성공간'이 만들어졌다.

난민운동은 남성 중심적이었고, 정기적으로 열리는 회의에서 여성은 배제됐으며 성차별이 빈번히 발생했다. 여성 활동가들은 여성이 목소리를 내고 난민운동에 동참하기 위해서는 '여성공간'이 필요하다고 생각했다. 쿠르드족 여성 활동가인 라우라는 남성 중심으로 진행되는 회의에 참석해 발언했다.

"우리는 학교의 한 층을 여성만을 위한 공간으로 만듭니다."

그러자 남성 활동가들이 답했다.

"글쎄요, 그 공간이 필요한지 논의를 해봅시다."

라우라는 단호하게 응수했다.

"우리는 지금 질문하는 게 아닙니다. 여성공간을 만든다고 발표하고 있는 겁니다."

이후 이들은 학교 2층의 한 영역을 여성 생활 공간과 독일어 수업 및 여러 워크숍이 열리는 학습 공간, 그리고 응급처치 공간으로 만들었다. 이 여성공간은 학교에서 난민들이 강제 퇴거당한 2014년 여름까지 지속됐다. 퇴거 이후 여성공간 구성원들은 계속 일을 이어나갈 공간이 필요했다.

다행히 영화관과 카페, 어린이집, 호스텔 등으로 이뤄진 '문화공동체', 상담소와 스포츠센터, 작업장 등 다양한 여성공간으로 구성된 '여성센터' 등 여러 단체의 도움으로 활동을 유지할 수 있었다. 시간이 지나면서 더 많은 이주·난민 여성이 활동에 동참하게 되었고, 2017년 IWS는 독일 비영리단체로 정식 등록됐다.

⋄

내가 IWS에서 일하게 된 이유 중 하나는 이들의 주된 활동이 여성 역사, 그중에서도 지워지고 억압된 난민 여성에 대한 기록이라는 점이다. 학교에서 강제 퇴거당한 후, IWS는 IWS만의 공간을 갖지 못한 채 이곳저곳에서 활동을 이어가야 했지만 기록 작업의 성과는 대단했다.

먼저 세 권의 책을 펴냈다. IWS의 첫 번째 책 《우리 자신의 언어로》(*IN OUR OWN WORDS*, 2015)는 중동과 아프리카, 발칸반도에서 건너온 난민 여성들이 마주하고 있는 여러 형태의 전쟁에 대해 다뤘다. 이 책은 목숨 걸고 나라를 떠나기 전 이미 고향에서 난민이 된 여성, 이주하기 위해 삶을 바쳤지만 끝내 비자를 받지 못한 여성, 가부장제 폭력을 견디지 못해 도망친 여성들의 목소리를 1인칭 시점으로 적은 에세이다. 총 열 명의 증언을 담은 이 책은 출간 후 1만 부 이상 판매·배포했고, 책에 참여한 난민 여성들은 독일 전역을 다니며 책에 관해 토론하고 관련 행사를 진행했다.

기록을 이어가자는 의미에서 2018년에는 두 번째 난민 여성 증언집 《우리는 존재한다, 우리는 여기에 있다》(*WE EXIST, WE ARE HERE*)를 출간했다. 이 책에는 리비아, 이라크, 쿠르드 지역, 러시아 등에서 노예화와 정치적 탄압으로부터 도망쳐 목숨 걸고 독일에 왔으나 다시 강제추방과 인종차별주의, 자기결정권 박탈 등의 문제에 맞서 싸우고 있는 여덟 명의 여성 이야기가 담겼다.

IWS는 독일에 사는 여성 난민과 이주 여성의 목소리를 기록할 또 다른 방법으로 첫 여성 난민·이주민 국제 콘퍼런스를 개최했다. 2017년 10월, 이틀에 걸쳐 '내가 독일에 도착했을 때'(Als ich nach Deutschland kam)라는 주제로 열린 국제회의는 전 세계 여성들이 참여하는 행사인 만큼 준비만 1년이 걸렸다. 이 콘퍼런스에서는 독일 통일 전 동·서독의 노동자, 통일 독일의 이주자와 난민, 인종차별주의에 영향을 받는 2세대 무슬림 여성 등 스물두 명의 여성이 자신의 경험을 공유했고 총 여섯 개 언어로 동시통역되었다. 멤버들이 직접 촬영한 콘퍼런스 현장을 IWS 홈페이지를 통해 영상으로 볼 수 있다. 콘퍼런스의 결과물이자 패널로 참여한 여성들의 이야기를 담은 IWS의 세 번째 책 «내가 독일에 도착했을 때»(*Als ich nach Deutschland kam*)는 2020년 봄 출판됐다.

IWS가 만든 세 권의 책이 의미 있는 것은 기획부터 인터뷰, 번역, 편집, 교정, 사진과 일러스트레이션, 레이아웃에서 인쇄에 이르기까지 여성들만 참여한 독립 출판으로 이뤄졌다는 점이다. 우리는 외부인의 검열, 내용 조작 등으로부터 영향을 받지 않기 위해 독립 출판 방법을 택했다. 책 배포와 유통 및 판매도 직접 맡아서 하고 있다. IWS 구성원들이 저널리스트, 다큐멘터리 감독, 엔지니어, 통·번역가 등 다양한 직업군의 여성들이라 가능한 일이었다. 책을 만들고 유통, 판매하는 데 필요한 지식과 기술이 있으면 서로 가르치고 배우면서 여기까지 왔다.

"우리는 우리의 경험, 여성의 경험을 기록하고 문서로 만드는 일을 계속 추진하고 있습니다. 우리가 우리 자신의 역사를 쓰는 데 기여하지 않으면 역사는 억압되고 숨겨지고 무시됩니다. 우리의 역사를 기록하고 책을 만드는 데 필요한 모든 기술에 대해서는 우리 스스로 교육하고 배웁니다."

사실 이 모든 활동은 마마 캐시(Mama Cash)*나 로자 룩셈부르크 재단(Rosa Luxemburg Stiftung)과 같은 곳의 지원이 있기에 가능했다. 기부금만으로는 책 제작 비용이나 베를린 외곽에 고립된 숙소에서 지내는 난민 여성들을 위한 교통비를 지원하기 어려웠다. 조직이 점점 커지면서 구성원의 안정적인 활동비 지급 구조도 필요했다.

"책을 제작하면서 처음 마마 캐시 재단에서 지원을 받게 됐는데, 학교에서 퇴거당하고 활동을 이어가는 데 어려움이 있을 때도 우리를 믿고 기다려줬어. 그 덕에 두 권의 책을 낼 수 있었지!"

IWS 공동창립자인 데니지와 리카, 제니퍼의 말이다.

⚬▢

그룹에서 나의 주된 업무는 '기록'이다. 그간 IWS가 독일에서 아무도 듣지 않았던 이주·난민 여성의 목소리를

◆   마마 캐시는 1983년 네덜란드 암스테르담에서 다섯 명의 페미니스트 활동가 그룹으로 시작해, 현재 전 세계 여성, 소녀, 트랜스 및 인터섹슈얼의 활동을 지원하는 국제 재단으로 성장했다.

기록해왔다면, 난 그런 IWS의 활동을 기록한다. 베를린의 거의 모든 집회에 참여해 난민 여성의 목소리를 전하는 제니퍼를, 독일 전역을 돌아다니며 그룹 활동을 알리는 데니지를, 골치 아픈 재무 관련 일을 모두 도맡아 하는 리카를, 늘 완벽한 영어 원고를 완성하는 헬렌과 선을, 독일인 멤버가 많지 않아 독일어 소통을 모두 책임지며 늘 고생하는 키야를. 이 외에도 다양한 멤버들에 대한 글을 쓰고 사진을 찍고, 영상을 찍는다. 이 모든 과정은 내게 일이 아닌 행복한 일상이었고, 독일에서의 삶을 이어갈 수 있는 원동력이었다.

2019년 2월에는 또 다른 재단의 지원으로, 드디어 IWS만의 사무실을 갖게 됐다. 오픈 파티가 열린 날, 즐겁게 춤을 추며 자축하는 멤버들을 한참 바라봤다. 독일에 도착하고 나서 내 존재는 바람에 흩날리는 먼지 한 톨에 불과하다고, 언제 사라져도 흔적조차 남지 않을 만큼 무의미하다고 느낀 적이 많았는데, 이 공간에서만큼은 난 '존재하는 한 사람'일 수 있었다. 낯선 독일 페미니즘 영역에서 내 프레임으로 무언가를 기록하고 목소리를 낼 수 있는 '한 여성 저널리스트'일 수 있었다.

파티에서 행복해하는 동료들을 바라보고 있을 때, 사랑하는 동료인 리카가 다가와 날 껴안으며 말했다.

"혜원, 우린 이곳에서 서로에게 가족이야. 너에게

내가 있고 나에겐 네가 있어."

　늘 내 곁에 있어준 IWS 멤버들 덕분에 나는 독일에서 다섯 번의 봄을 무사히 맞이할 수 있었다.

"여성을 위해, 여성에 의해
역사를 기록하는 일은 계속될 것이다.
그곳이 베를린이든, 세계 어디든."

여자들이 모여 삽니다,
베기넨호프에서

#베기넨호프   #여성공동주택   #여성거주공동체

중세시대 유럽에는 '베기넨'(Beginen)이라는 여성 주
거 공동체가 있었다. 이곳에 사는 여성들은 결혼하지 않
고 혼자 살면서 종교 활동과 가난하고 병든 자를 돌보
는 일에 앞장섰다. 대부분 교사, 간호사, 공예가 등 다양
한 직군에서 일하며 생활비를 벌었으며, 개인 재산 소유
를 포기하지 않고 집을 소유했다. 베기넨은 유럽 곳곳으
로 퍼졌는데, 1264년 즈음 설립된 파리의 베기넨에는 약
400명의 여성이 모여 산 것으로 알려졌다. 현재 네덜란
드 암스테르담에는 15세기에 지은 베기넨 여성들이 살
았던 건물 베헤인호프(Begijnhof)가 도시의 유명한 랜
드마크로 보존되어 있다.

　　독일의 도시계획가인 유타 켐퍼(Jutta Kämper,

84)는 20년 전 암스테르담 베헤인호프를 방문하고, 베기넨 전통을 독일에서 이어가기로 결심한다. 남편이 사망한 뒤, 그는 자녀 넷을 혼자 키웠다. 그는 도시계획가로 일하면서 비혼이나 이혼 또는 사별로 혼자 사는 수많은 여성을 만났고, 그들 모두 혼자 남지 않고 누군가와 함께 공동체를 이뤄 살고 싶어 했다. 유타는 암스테르담의 베헤인호프를 떠올렸다. '베기넨처럼 각자 집을 소유하되 함께 여성 공동체를 이루고 사는 공동주택 프로젝트를 해보자.' 그는 이 프로젝트를 시행하기 위해 1992년 베기넨협회를 설립했고, 2000년 건축가 바르바라 브라켄호프(Barbara Brakenhoff)가 합류하면서 구상은 현실이 되었다.

여성 공동주택 건립 소식에 독일 전역에서 약 2000여 명의 여성이 참여하고 싶다는 의사를 밝혔다. 여성만 집을 살 수 있다는 것이 유일한 입주 조건이었다. 6층으로 나뉜 건물은 53가구로 구성돼 있고, 한 집의 크기는 56~77제곱미터. 햇볕이 쏟아지는 테라스를 포함하고 있다. 집값은 제곱미터당 2100~2300유로(약 280만~305만 원)이었다. 참고로, 당시 약 1억 6천 만 원이면 작은 집을 살 수 있었다.

수년간의 준비 끝에 드디어 2007년 가을, 베를린의 크로이츠베르크 지구에 '베기넨호프'(BEGINEN-

HOF)가 들어섰다. 독일 전역에서 여성 53명이 새 보금 자리를 찾아 이사했다.

⠙

베기넨호프는 International Women* Space(국제여성 공간, IWS) 사무실과 가까워 늘 지나다니는 곳인데, 주 변과 달리 여러 색을 띠고 있는 베기넨호프 건물에 도착 하면 널찍한 연회실이 가장 먼저 눈에 들어온다. 이곳에 서는 거주자와 외부 참여자가 함께하는 문화 전시회, 정 치토론 모임, 기공체조 교실, 작문 발표회 등 요일별 프 로그램이 운영된다. 예를 들어 거주자인 역사학자 기젤 라 노츠(Gisela Notz) 박사는 비정기적으로 역사 살롱 을 열어 경제·노동·정치 등 여러 주제로 토론을 벌인다. 매달 거주자 회의가 열리는 곳이기도 하다. 이 공간 외에 도 건물에는 텃밭 정원, 개방형 부엌, 옥상정원 등 다양 한 커뮤니티 시설이 갖춰져 있다. 현재 30세부터 85세까 지 다양한 연령대의 여성이 살고 있지만 대체로 60대 이 상의 시니어다. 53가구 중 대부분 혼자 살고 있으며, 네 가구만 파트너나 가족과 함께 2인이 살고 있다.

　　베기넨호프에 약속을 잡고 도착하자 대외소통 담 당자인 가브리엘레 감스(Gabriele Garms)가 환하게 웃 으며 맞아주었다. 헤센주에 속한 풀다(Fulda)라는 지역 베를린 크로이츠베르크에 있는 베기넨호프 전경.
날씨가 좋은 날이면 입주민 여성들이 테라스에 나와
각자 평화로운 시간을 보낸다.
©채혜원

에서 교사로 일해온 그는 남편과 사별 후 딸을 독립시키고 나서부터 혼자 살아왔다. 그는 늘 노년기를 어떻게 보낼 것인가 고민이 많았다. 마침 그가 이사로 일하고 있던 풀다의 여성단체에서 사회학자 강의가 있었고, 그 강의를 통해 베를린에서 여성 공동주택이 계획되고 있다는 소식을 들었다. 가브리엘레는 긴 고민 없이 베를린행을 결정했다.

가브리엘레에게 베기넨호프에 대해 알린 것은 괴팅겐 출신 사회학자인 아스트리트 오스터란트(Astrid Os-terland)다. 그는 오랫동안 공동체와 공동생활 주택에 대해 연구해왔으며, 베기넨호프 기획 단계부터 함께 참여했다. 이 두 사람은 현재 이웃으로 산다.

건물을 둘러보니 거주자에게 이곳은 자신만의 집을 갖고 있으면서 동시에 이웃과 외롭지 않게 살 수 있는 따뜻한 둥지다. 층별마다 위치한 공동 아케이드 공간은 네 가구가 함께 사용하는데 작은 정원으로 꾸며져 있고, 이곳에서 여성들은 이웃과 함께 차 한잔하며 이야기를 나눈다. 이웃에게는 항상 비상열쇠가 있어 비상시 바깥에서 집 문을 열 수 있다.

가브리엘레는 "베기넨호프 여성들은 늘 다 같이 생일파티를 열고 크리스마스나 새해맞이 파티 때도 불꽃축제를 함께 즐긴다"고 말했다. 혼자가 아니라 함께 살기

베기넨호프 건립 10주년을 맞이해
지난 2018년 공동정원에서는
여성들이 모인 가운데 축제가 열렸다(위).
베기넨호프 건물 층마다 있는 아케이드에서
거주자들이 담소를 나누는 모습(아래).
©Baerbel Maessen

원했던 여성들은 자기 집에서 사생활을 철저하게 보호 받으면서도 동시에 문을 열고 나오면 활기찬 공동체에서 지낼 수 있는 바람을 이룬 것이다.

베기넨호프 여성들은 복지시설이 아니라 여성 공동 체를 이뤄 노년기를 보내려는 이들의 관심이 더욱 커지 고 있다고 입을 모아 말했다. 독일연방통계청 자료에 따 르면, 독일에는 총 1690만 명(전체 인구의 약 20퍼센트) 이 혼자 살고 있으며 이 중 33퍼센트가 65세 이상 시니 어다(2018년 기준). 독일의 65세 이상 인구는 1740만 명 으로 전체 인구의 21퍼센트에 이른다.

스스로 조직한 프로젝트인 만큼 베기넨호프에는 정원을 돌보는 정원팀, 여성 예술가를 위해 전시를 기획 운영하는 예술팀 등 공동체 운영에 필요한 여러 실무그 룹이 있다. 1층에 잘 가꿔진 공동 정원에 도착하자 정원 팀에서 일하는 코르둘라(Cordula)가 "정원이 참 아름답 죠?"라며 손님을 맞이한다. 그는 이곳으로 오기 전, 프라 이부르크에서 자녀 셋을 키운 뒤 10년째 혼자 살고 있었 다. 혼자 사는 것에 대한 만족도는 높았다. 하지만 지인이 나 친구들이 모두 같은 동네나 도시에 사는 게 아니었기 때문에 만남을 위해 늘 멀리 이동해야 하는 부담이 커졌 다. 이로 인해 함께 사는 것에 대한 고민이 자연스레 시 작됐다. 베기넨호프의 집을 사기로 한 친구를 통해 소식을 듣고 그는 지체 없이 베를린으로 이사했으며, 삶의 만족도가 높아졌다.

중세시대의 베기넨 공동체가 그러했듯 베를린의 베기넨호프에도 컴퓨터 전문가, 사회학자, 극작가, 저널리스트, 의사 등 다양한 직업 경험이 있는 여성들이 모여 산다. 이들의 기여로 공동체에서 나눌 수 있는 일은 더 많아졌다. 예를 들어 코르둘라는 의사, 간병인으로 일한 경력이 있는 거주자들 덕분에 한 이웃이 병원에 가지 않고 집에서 생을 마감할 수 있었던 이야기를 들려주었다.

"5년 전 질환으로 먼저 떠나보낸 이웃이 있어요. 그는 병원에 가지 않고 집에서 생을 마감하길 원했죠. 혼자 병원에 있고 싶지 않으니까요. 마침 베기넨호프에 의사와 간병인으로 일했던 여성들이 있어서 그를 돌볼 수 있었어요. 많은 이웃이 그를 함께 보살폈고요. 그는 바람대로 많은 이웃이 함께한 가운데 먼 길을 떠났어요. 그 기억이 아직도 선명해요."

유타 캠퍼와 여러 여성이 만들어낸 공동주택 프로젝트는 베기넨호프로 끝나지 않았다. 2014년에는 베를린 프리드리히스하인 지구에 두 번째 여성 공동주택인 '플로라호프'(Florahof)가 문을 열었고, 여성 스무 명이 이곳에 살고 있다. 이 외에도 여성이 집 소유자로 공동체를 이뤄 사는 건물은 베를린에 약 스무 곳이 있다.

중세시대 유럽의 일부 베기넨 여성들은 봉사와 헌신으로 신의 뜻을 따랐지만, 정식 교구로 인정받지 못해 이단 혐의로 화형에 처해졌다. 당시 가부장제 가족을 벗어나 있거나 치료 능력이 있다는 이유만으로 마녀로 몰려 희생당한 수많은 여성들처럼. 그럼에도 이들은 역사의 뒤안길로 사라지지 않았다. 독일 곳곳에 베기넨 형태의 공동체가 있고, 캐나다에도 최근 베기넨이 설립됐다. 다시 수많은 곳에서 여성들이 모여 살며 그들의 정신을 이어간다. 다양한 연령대의 여성들이 행복하게 살고 있는 베기넨호프를 보면서 명확하게 알 수 있었다. 21세기에도 베기넨 운동은 이어지고 있다.

여성들이 무언가를 보여주고
찾을 수 있는 곳

#여성전용공간 #베기네 #힝켈슈타인

독일 작가이자 저널리스트, 번역 작가인 코리나 바펜더 (Corinna Waffender)는 2002년 베를린에 있는 여성 전용 카페 '베기네'(BEGiNE)를 처음 방문했다. 당시 코리나는 갓 출간한 첫 장편소설 «행간을 읽다»(*Zwischen den Zeilen*) 낭독회를 앞두고 있었다. 단편소설 세 편을 출간한 경험이 있지만 장편소설 발표는 처음이라 긴장되고 떨리는 순간이었다. 카페 문을 열고 들어가자 홀 한가운데에 놓인 그랜드피아노가 눈에 들어왔고, 오래된 조명들이 공간 곳곳을 은은하게 비추고 있었다. 과연 몇 명이나 낭독회에 올까, 텅 빈 카페를 바라보며 코리나는 문득 조바심에 겁이 났다.

행사 시작까지 시간이 여유롭게 남아 있던 터라 주

베를린에서 게이들이 모여 사는
놀렌도르프플라츠 근처에 있는 여성 전용 카페 베기네에서는
매일 다양한 문화프로그램이 펼쳐진다.
ⓒ채혜원

여성들이 무언가를 보여주고 찾을 수 있는 곳

변 거리를 걷다가 다시 베기네로 돌아왔을 때, 카페 앞은 수많은 여성으로 가득했다. 출판인을 포함한 모두가 환히 웃으며 코리나를 반겼다.

18년 전이지만 아직도 그날을 잊지 못하는 코리나는 꾸준히 이곳을 찾는다. 베기네에는 늘 수많은 여성의 친구와 연인, 동반자가 있고 여성들이 만들어가는 여러 예술 무대, 정치 토론, 파티가 열린다. 그는 베기네를 찾을 때마다 고향에 온 느낌을 받는다고 했다.

1986년 문을 연 여성 전용 공간 '베기네'는 베를린에서 게이들이 모여 사는 놀렌도르프플라츠(Nollendorf-platz) 근처에 있다. 게이와 레즈비언, 트랜스 및 인터섹스들이 운영하는 다양한 상점과 카페, 레스토랑이 있는 동네다.

베기네의 역사는 1980년대 빈집을 점거하고 재건축한 스쾃(squatting) 여성 운동가들이 카페와 문화센터로 설립하면서 시작됐다. 이후 베기네는 여성들의 만남의 장소이자 문화공간으로 자리잡았다. 3월 한 달만 해도 여성 뮤지션과 함께하는 재즈의 밤, 요가 수업, 작가 크리스타 볼프 및 프란치스카 하우저와 함께하는 문학의 밤, 탱고&록 파티, '자유와 메타포' 정치-철학 모임, 페미니즘 정당 모임, 퀴즈 파티 등 매일 다채로운 행사가 열린다. 특히 알려지지 않은 작가의 작품 낭독회나 영화 상영회 등을 통해 여성 예술가 작품이 알려질 수 있는 기회를 제공하고 있다.

피아니스트 비르기타 알터만(Birgitta Altermann) 역시 코리나처럼 베기네에서 연주할 때마다 예술활동을 이어갈 용기와 지지를 얻는다. 그는 "베기네는 여성들이 무언가를 보여주고, 또 무언가를 찾을 수 있는 곳"이라며 "호기심과 연대의 눈빛을 보내주는 여성 관객들 덕분에 베기네에서 연주하는 것을 오래 전부터 좋아한다"고 말했다. 워낙 다양한 여성들이 베기네를 찾다보니, 공간에 머물다 우연히 페미니스트 알리스 슈바르처(Alice Schwarzer)나 배우 마렌 크로이만(Maren Kroymann)처럼 한국에서도 유명한 언니들을 만날 수 있는 건 덤이다.

카페 안쪽으로 들어가면 100명 정도 수용 가능한 세미나 공간이 따로 마련되어 있다. '베를린 국제주의 페미니스트 연합'도 종종 이곳에서 페미니즘 행사를 연다. 2018년 8월에는 전쟁 성폭력 문제를 알리기 위한 전시·토론 공간을 찾지 못해 어려움을 겪고 있었는데, 베기네에서 열흘간 무료로 공간을 내주기도 했다. 이처럼 카페 베기네는 학문, 예술 등 다양한 영역에서 일하는 여성들이 네트워킹을 맺고 여러 행사를 함께 기획할 수 있도록 공간을 제공한다.

♀

카페 베기네 외에도 베를린에는 여러 페미니즘 공간이 있다. 이들은 대부분 '여성 전용'이다.[*]

페미니즘 공간은 대개 여성들만이 일할 수 있는 공동사업체로 운영되는 것이 특징이다. 카페 크랄레(Café Cralle)는 베기네보다 조금 앞선 1977년에 육아시설을 갖춘 여성공간으로 설립됐다. 이주자들이 많이 거주하는 베딩(Wedding)이란 동네에 위치해 있으며, 크랄레가 지향하는 가치는 카페 한편에 적힌 글귀로 알 수 있다.

> "자본주의, 성차별주의, 인종차별주의, 동성애와 트랜스젠더를 향한 혐오 등을 떠나 모든 이들을 위한 아름다운 장소를 지향한다. 이에 어떤 형태의 차별 행위도 용납하지 않는다."

[*] 여기서 '여성*'은 FLTI, 즉 여성(Frauen), 레즈비언(Lesben), 트랜스(Trans) 및 인터(Inter)섹스 그리고 남녀가 아닌 제3의 성별을 뜻하는 논바이너리를 포함한다.

2018년 3월, IWS의 두 번째 책
《우리는 존재한다, 우리는 여기 있다》를
힝겔슈타인에서 인쇄했다.
©채혜원

베를린의 가장 오래된 여성 공동사업체 펍인 '크랄레'는 현재 일곱 명의 여성 회원이 이끈다. 모두가 고용 관계가 아닌 평등한 관계에서 일한다. 크랄레에서도 베기네처럼 매일 다양한 정치 토론과 문화 행사가 열리고, 매주 마지막 목요일에는 'FLTI' 모임이 열리고 있다. 대부분 동네 이웃이 참여하며, 서로 네트워크를 맺고 일상을 공유한다.

베를린의 또 다른 유서 깊은 여성 공동사업체로는 '힝켈슈타인 인쇄소'(Hinkelsteindruck)가 있다. 베를린, 특히 크로이츠베르크 지역 활동가라면 모두가 아는 곳이다. 집회나 행사 등 정치활동을 조직할 때 홍보물, 출판물 등 인쇄물은 반드시 필요하기 때문이다. 독일에선 여전히 아날로그 방식으로 인쇄하는 곳이 많은데, 복잡하고 큰 기계를 다루는 일이라 남성 지배적인 영역이지만 힝켈슈타인은 여성들이 이끄는 작업장이다.

힝켈슈타인 여성 회원들은 1980년대 옛 동독 체제에 저항운동을 하던 중 동베를린 환경도서관의 지하 인쇄소에서 만났다. 1991년부터 인쇄소를 운영하고, 1995년부터는 직업교육산업체로 등록해 여성 직업훈련생에게 교육 서비스를 제공하고 있다. 이곳에서는 인쇄뿐만 아니라 디자인, 편집 등의 작업도 한다.

힝켈슈타인은 International Women* Space(국제

여성공간, IWS)과도 특별한 인연이 있다. IWS 동료 데니지는 "기획부터 인터뷰, 번역, 편집, 교정, 사진, 레이아웃에서 인쇄에 이르기까지 여성이 참여한 난민 여성 증언을 담은 두 권의 독립출판물을 만드는 데 힝켈슈타인의 역할이 컸다. 인쇄비가 모자랄 때 그들은 언제나 돈 걱정하지 말고 나중에 돈이 마련되면 가져오라며 늘 우리를 신뢰해주고 기다려줬다"고 말했다.

IWS의 두 번째 책 «우리는 존재한다, 우리는 여기 있다»를 처음 인쇄하던 날, 힝켈슈타인에서 일하는 코라와 자비네는 우리를 작업장으로 초대했다. 그들은 커다란 아날로그 인쇄 기계를 작동하기에 앞서 간단한 작업에 한해 우리가 직접 해볼 수 있도록 가르쳐줬다. 아날로그 방식으로 잉크를 붓고, 용지를 넣고, 나사를 조이는 등 생전 처음 인쇄 기계를 작동해보면서 우리의 책이 여성들의 특별한 협력으로 만들어진다는 것을 실감했다. 올해 봄부터 IWS는 여러 집회와 책 낭독회, 영상 상영회 등 다양한 행사를 준비 중인데 홍보물을 만들 때마다 늘 그랬듯 힝켈슈타인의 코라와 자비네와 함께 일할 것이다.

코로나19 발생 이후 길거리에서 거의 매일 아시아인을 바이러스 취급하는 인종차별을 겪고 있다. 직접적인 욕설을 듣기도 했고, 대중교통에서 나를 보면 갑자기

옷으로 호흡기를 가리거나 멀리 피하는 일을 겪는 것은 일상이 됐다. 하지만 여성만 일하는 우리 사무실과 카페 베기네와 같이 여성 공간에 머무는 동안만큼은 이런 치욕을 잊을 수 있다. 그곳에서는 아무도 겉모습으로 사람을 판단하고 차별하지 않는다. 공간 속 여성들은 여성인 나를 있는 그대로 반겨준다. 독일 여성뿐만 아니라 나 같은 이주여성, 난민여성 모두를 '여성'이라는 이유로 따뜻하게 품어준다.

나는 오늘도 베를린의 여성 공간으로 향한다. 독일에서 유일하게 안전과 평화를 느끼는, 나의 '공간'으로.

'남편' '아내'라는 단어를
쓰지 않는 도시

#생활파트너관계법 #가족 #다양성

2019년 한 해를 돌이켜보면 International Women*
Space(국제여성공간, IWS) 동료 두 명이 동성 결혼식을
올린 여름날이 가장 먼저 떠오른다. 결혼식은 독일 관청
에서 소박하게 열렸다. 주례로 참석한 관청 담당자가 성
혼을 선언한 후 두 신부가 모든 하객과 포옹을 나누며 식
은 마무리됐다. 결혼식이 끝나고 관청건물 앞에서 부케
이벤트를 하고, 사무실로 자리를 옮겨 피로연을 즐기는
두 주인공과 하객들의 얼굴에선 웃음이 가실 줄 몰랐다.
모두가 한마음으로 그들의 결혼을 축복했다. 독일에서
내게 가족이자 자매나 다름없는 동료들과 함께 마음껏
행복을 나눈 날이었다.

독일에서는 2017년 6월, 동성 파트너를 '부부'로 허용하는 법안이 통과됐다. 동성 파트너는 결혼 허용 전인 2001년부터 '생활파트너관계법'(Eingetragene Lebens-partnerschaft)에 근거해 부부가 갖는 법적 권리를 누릴 수 있었지만, 입양권이 보장되지 않았다. 법안 통과 이후에는 동성 가족도 아이를 입양할 수 있게 되었으며, 연방 통계청 조사에 따르면 남성 동성 커플 1만 6766쌍과 여성 동성 커플 1만 6138쌍이 결혼식을 올렸다(2018년 말 기준).

베를린 동료들은 각자의 지향과 취향에 따라 가족을 구성했고, 그야말로 다채로운 색을 보여준다. 서른 명이 조금 넘는 동료 중 이성과 결혼해 사는 동료는 단 셋뿐이고, 이 중 두 부부는 자녀가 없다. 레즈비언이 가장 많은데, 한 명은 결혼했고 나머지 커플은 파트너로 함께 산다. 혼자 사는 동료도 많다. 협동조합 주택에서 여럿이 같이 사는 사람, 원룸에서 혼자 지내는 사람, 방은 따로 쓰고 부엌과 욕실만 친구와 공유하는 형태로 사는 사람…. 어떤 선택도 온전히 각자의 것이었고 응원 받는다.

그래서 IWS 사무실에서는 아무도 '남편'이나 '와이프', '남자친구' 또는 '여자친구'란 단어를 사용하지 않는다. 성별 구분이 없는 '파트너'로 통일해 사용한다. 이건

IWS의 규칙만은 아니다. 베를린에서 살면서 여자친구 또는 남자친구가 있는지를 묻는 이성애 중심적 질문을 한 번도 들어본 적이 없다.

얼마 전에는 사무실에서 행정 관련 서류를 정리하다 파트너와 관련된 독일어 뜻을 명확하게 확인하고 싶은 게 있어 평소 가까이 지내는 동료 올리케에게 물었다. 올리케는 놀란 얼굴로 내게 물었다.

"혜원, 파트너가 있어?"

생각해보니 동료들과 이런 이야기를 나눈 적이 없었다. 함께한 지 3년이나 지났는데도. 베를린에서는 아무리 오래 알고 지내도 서로 정확한 나이나 파트너 여부 등에 관해 묻는 경우가 많지 않으니 어쩌면 당연했다.

"응! 내가 한 번도 말한 적이 없지?"

갑자기 사무실이 뒤집혔다.

"뭐? 혜원이 파트너가 있는데, 심지어 남자라고?"

대부분 싱글이거나 여자 파트너가 있다 보니, 남자 파트너가 있다는 내 소식은 의도치 않게 사무실에 놀라움을 주게 됐다. 한 동료는 "아니, 어쩌다 너에게 남자 파트너가 있는 거야?"라고 농담 섞인 말을 던지기도 했다. 이 상황이 너무 신기해서 한참을 웃었다. 한국에서는 내 파트너의 성별을 밝히지 않아도 모두가 남자라고 여겼는데, 아니 어느 누구도 나의 파트너가 '왜' 남자인지 묻지

곳곳에서 무지개 깃발을 볼 수 있는
베를린의 대표적인 퀴어 친화동네, 놀렌도르프플라츠.
문 앞에 무지개가 걸린 한 가게에는
'만약 당신이 인종차별주의자, 성차별주의자, 동성애 혐오자라면
부디 밖에만 머물길'이라고 적혀 있다.
©채혜원

않았는데 베를린에서는 전혀 다른 지점에 물음표가 찍히는구나.

'이성 친구 있어요?', '결혼했어요?', '결혼했는데 애는 없어요?' 한국에서 많은 이들이 상대에게 실례되는 질문인지도 모르고 던지는 숱한 질문들이 떠올랐다. 돌이켜보면 나도 한국에서 남편, 아내, 여자친구, 남자친구란 단어를 종종 사용했었다. 이성애 중심주의 사회에 살면서 나 역시도 상대가 이성애자임을 전제하고 저지른 실수다.

사무실에는 트랜스(trans) 섹슈얼 및 인터(inter) 섹스 그리고 남녀가 아닌 제3의 성별을 뜻하는 논바이너리(non-binary)인 동료들도 있어서 '그'나 '그녀' 대신 중성적인 의미의 '그들'(they)을 사용한다. 아직도 개인을 '그들'이라는 복수형 'they'로 부르는 게 어색해 여전히 연습 중이다.

⚬▫

사무실에서 한바탕 소동이 일고 얼마 뒤, 동료 클라라와 게이들이 모여 사는 동네인 놀렌도르프플라츠(Nollendorfplatz)로 산책을 나섰다. 퀴어 프렌들리(Queer-friendly) 도시 베를린에서도 유명한 동네인 놀렌도르프에는, 게이나 트렌스젠더가 운영하는 가게, 이들이 즐겨 찾는 카페와 레스토랑, 바가 많다. 개중에 트렌스젠더가 운영하는 가게에 들러 이런저런 소품을 구경하고 있는데, 클라라가 임신 계획이 있다며 말을 꺼냈다.

"나 나중에 트렌스젠더 친구랑 아기를 가질까 고민하고 있어."

클라라는 현재 독일 남성 파트너가 있는 여자 친구라 내게는 무척 흥미로운 이야기로 들렸다. 그는 주위에 퀴어 친구들이 안정된 직업을 가지면 아기를 갖거나, 파트너가 없이도 친구에게 정자를 기증받아 임신하는 친구들을 보면서 고민을 시작했다. 그러던 중 친한 트렌스젠더 친구가 아기를 갖고 싶어서 정자를 냉동 보관하기로 결정했단 소리를 듣고 자연스레 임신과 출산에 관한 깊은 이야기를 나누게 되었단다.

"그 친구랑 비전이나 가치관, 만약 아이를 키운다면 어떻게 키우고 싶은지 구체적으로 이야기를 나누다 보니까 둘이 생각이 무척 비슷하다는 걸 알게 됐어. 그러다가 나중에 우리 아기를 키워도 좋겠단 이야기가 나왔고. 우리는 친구니까 이혼할 일도 없고 아이 보호자로 아이를 함께 잘 키울 수 있을 것 같아. 긍정적으로 계속 우리의 이야기를 이어가는 중이야."

만약 아이를 갖는다면 현재 파트너와의 아기 그리고 트렌스젠더 친구와의 아기, 이렇게 두 자녀를 낳아 키울 계획이라고 말하는 클라라의 얼굴은 담담했지만, 내 머릿속은 또 한 번 어떤 틀이 깨지고 있었다. 가난하지만 매혹적이고, 문화 다양성과 예술의 도시로 손꼽히는 베를린을 만들어가는 것은 결국 이런 상상력과 가치관을 품은 베를리너들이다.

◦°

2017년에 발행된 '베를린 젠더 데이터 보고서'에 따르면 베를린의 1인 가구 비율은 전체의 52퍼센트(독일 전체로 보면 41퍼센트)에 이른다. 두 집 중 한 집이 1인 가구인 셈이다. 자녀가 있는 가구 중 부모가 결혼 관계에 있는 비율은 절반 정도에 그치고, 나머지는 한부모(28센트)이거나 파트너십(18퍼센트) 관계에 있다. '한부모'에는 이혼 후 혼자 아이를 키우는 부모인 경우도 있지만, 결혼하지 않고 아기만 낳아 기르는 부모도 포함된다. 동료 중에서도 두 명이 결혼하지 않고 아이를 가졌고, 합의하에 한쪽이 아이를 키우고 있다. 베를린에서는 결혼한 이성 부부와 자녀로 이뤄진 가구를 흔히 보기 어려울 정도다.

베를린에 살면서 가끔 한국 뉴스를 보면 온통 결혼한 이성 부부와 자녀 또는 남성과 여성 간의 연애 이야기로 넘쳐난다. 1990년대에 남녀 짝짓기 콘셉트의 예능 프로그램을 진행했던 남성 연예인들은 여전히 게스트에게 이성애 기반 연애와 결혼 여부를 묻고, 결혼한 부부와 자녀 이야기로 도배된 리얼리티 프로그램이 방영 중이다. 2019년 한국 통계청이 발표한 자료를 보면, 결혼한 부부와 자녀로 구성된 가구(29.6퍼센트) 비율보다 1인 가구 비율(29.8퍼센트)이 근소한 차이로 더 높았지만 미디어는 아직도 과거 '정상 가족' 이데올로기에 갇혀 있다.

　전체 시민의 25퍼센트가 외국인이고 8만여 명의 난민이 살며, 1인 가구 비율이 절반을 넘는 도시, 직장에 이성애자보다 동성애자가 더 많기도 하고, '남편'이나 '아내' 같은 성별 이분법적인 단어를 사용하지 않는 베를린은 어쩌면 곧 찾아올 한국의 미래란 생각을 해보았다. 짐작보다 오래 걸릴 수는 있겠지만, 반드시 올 미래.

결혼하지 않아도,
혈연이 아니어도 가족

#생활파트너십 #퀴어가족 #다양성

독일 드라마 ‹베를린의 개들›(Dogs of Berlin)은 충격적인 살인사건이 발생하면서 이야기가 시작된다. 사건 발생 이후 경찰 간부가 상황 보고를 위해 경찰청장 집으로 찾아가는 장면이 나온다. 아들이 문을 열자 경찰 간부가 말한다. "너희 어머니를 만나러 왔어."(경찰청장은 여자다.) 그랬더니 아들이 되묻는다. "어떤 엄마요?" 그러자 간부가 답한다. "경찰청장인 엄마." 경찰청장 가족은 레즈비언 부부로, 두 명의 엄마가 아들을 키우고 있었다. 드라마 속 한 장면이지만, 베를린에서는 실제로 다양한 형태의 가족을 만날 수 있다.

일본계 독일인 샤를로트와 그의 파트너 캐롤은 2013년 덴마크에서 처음 만났다. 이후 샤를로트가 살고 있는 베를린, 로마, 파리, 캐롤의 여동생이 살고 있는 오슬로 등에서 만나며 그들은 연인으로 지냈다. 시간이 지나 두 사람은 가족이 되기로 결심하고 아이를 갖기로 했다. 정자은행에서 정자를 기증받는 레즈비언 커플도 많지만, 샤를로트와 캐롤은 한 게이 친구에게 정자를 기증받기로 했다. 이들은 게이 산부인과 의사에게 전문적인 조언을 받아 2014년 겨울 임신에 성공했다.

이듬해 봄에는 베를린에서 '생활파트너십'(Lebens-partnerschaft) 등록을 마쳤고, 이후부터 부부가 갖는 법적 권리를 누리고 있다. 독일 '생활파트너십'은 2017년 7월 동성결혼이 합법화되기 전까지 동성 파트너의 법적 권리를 위해 시행된 제도다. 동성결혼 합법화 이후 독일은 새로운 파트너십 신청을 받지 않고 있으며, 기존 파트너십 등록자는 결혼 관계로 전환하거나 계속 파트너십 관계를 이어갈 수 있다. 샤를로트와 캐롤은 결혼 관계로 전환하지 않아도 이미 법적 권리를 모두 누리고 있기 때문에 기존 파트너십 관계를 유지하고 있다.

샤를로트는 아들이 태어나면서 많은 것이 변했다고 말했다. 특히 아들이 태어난 첫해에는 파트너와 아기를 계속 돌봐야 했기에 모든 일정을 아이에게 맞췄다. 다행히도 당시 샤를로트가 박사과정 장학금을 받고 있어 재정적으로 문제가 없었다. 캐롤은 큰 식당에서 셰프 보조 일을 하며 아이를 돌봤다.

아들이 14개월이 되었을 때부터 보육원에 다니기 시작했고, 샤를로트와 캐롤은 프리랜서로 일하며 아이를 양육하고 있다. 평소 캐롤은 아침 7시 30분에 출근하고, 샤를로트는 8시 30분에 아이를 보육원에 데려다주고 비영리단체로 출근한다. 샤를로트는 주 3일만 정기적으로 출근하고, 나머지 시간엔 대학에서 사회학을 가르치면서 번역가, 예술 큐레이터로 일하고 있어 일정 조정이 가능하다.

일주일에 하루나 이틀은 정자를 기부한 게이 친구와 그의 파트너가 함께 아들을 돌본다. 샤를로트와 캐롤은 "정자를 기부한 게이 친구는 아이의 또 다른 보호자로서 육아에 늘 함께하며, 아들은 그의 파트너를 삼촌이라 부르며 정기적으로 같이 시간을 보낸다"고 전했다.

최근에는 코로나19로 샤를로트와 캐롤 모두 재택근무를 하고 있어 수입이 이전에 비해 줄었지만 대신 아들과 함께 보내는 시간이 길어졌다. 매일 집에서 맛있는 음식을 해 먹고 책을 함께 읽고 장난감을 가지고 다양한 놀이를 하며 시간을 보낸다. 샤를로트는 독일의 여러 교육 교재나 책에서 성소수자인 퀴어 가족과 유색인종을 거의 다루지 않는 것이 문제라고 지적하며 말했다. "우리는 매우 평범한 가정생활을 하고 있어요. 만약 누군가 우리를 보고 다르다고 느낀다면, 이성애 중심 문화와 이를 강화시키는 동화책 같은 상품 탓이라고 봅니다."

결혼은 원하지 않아 파트너 관계만 유지하며 사는 친구도 있다. 오스트리아 국적인 파울라는 현재 동성 파트너 레나타와 함께 지낸다. 파울라에게는 갓 스무살이 된 아들 요하네스가 있다. 1999년, 베를린의 한 예술 콜렉티브에서 만난 파트너 알렉스와의 사이에서 낳은 아이다. 남성과 결혼을 원치 않았던 파울라는 아들 요하네스가 다섯 살이 됐을 때 알렉스와 헤어졌고, 요하네스는 파울라와 알렉스 집을 오가며 자랐다.

파울라와 알렉스는 모두 예술가라 양육비 마련이 쉽지 않았지만, 정부에서 지급되는 '아동수당'♦과 '실업

♦ 독일은 부모 수입에 상관없이 독일에 사는 모든 아동에게 '아동수당'(Kindergeld)을 지급한다. 외국인의 경우에도 아동 부양자가 신청 대상에 해당하면 받을 수 있다. 첫째와 둘째 아이는 월 219유로(약 29만 원), 셋째 아이 월 225유로(약31만 원), 넷째 아이부터는 월 250유로(약 34만 원)를 받는다. 수당은 태어난 시점부터 일반적인 경우 만 18세까지 지급되며 만 18세 이후 실업 상태로 구직자인 경우 만 21세까지, 학업 또는 직업훈련과정에 있을 경우에는 만 25세까지 연장된다.

수당'으로 경제적 어려움을 극복할 수 있었다. 정부 지원에도 파울라는 헤어진 파트너와 아이를 함께 키우는 일이 쉽지는 않았다고 한다. 하지만 늘 많은 친구가 도움을 줬고, 무엇보다 월세가 싼 집을 구한 것이 가장 큰 힘이 됐다고 말한다. "이제 요하네스는 자신의 의지에 따라 학교 기숙사에서 지내거나 우리 집 또는 알렉스 집에서 지내고 있어."

독일 연방정부의 《가족보고서 2017》(3년 단위로 발행)을 보면, 샤를로트나 파울라와 같은 가족 형태가 늘고 있음을 알 수 있다. 독일에서 미성년 자녀를 키우는 파트너십 가구는 93만 가구가 넘어가면서 지난 10년간 38퍼센트나 증가했다. 반면 지난 10년간 미성년 자녀와 결혼한 부부로 이뤄진 전통적 핵가족 가구 수는 10퍼센트 줄었다.

이와 함께 한부모 가족도 크게 늘어, 전체 가구의 19퍼센트를 차지한다. 베를린에서 만난 스페인 친구 카르멘은 싱글맘이다. 2년 전 은퇴한 그는 1980년대에 중남미에 있는 니카라과로 떠나 13년간 살았다. 니카라과에서 지낸 지 3년쯤 지났을 때 연인을 만나 그와 딸 엘라를 출산했다. 엘라를 낳았지만 당시 연인과는 친구로 남았고, 카르멘은 바르셀로나로 돌아와 혼자 아이를 키웠다. 엘라를 키우면서도 몇번 연애는 했지만 결혼은 하지

독일 한부모 가족 비율은 크게 늘어
전체 가구의 19퍼센트를 차지한다.
베를린의 프리드리히스하인공원에서
한 아버지가 아이를 돌보는 모습.
©채혜원

않았다. 은퇴한 지금도 새로운 걸 배우고 경험하기 위해 세계를 여행하는 카르멘을 보면, "결혼은 고려해본 적이 없다"는 그의 말이 절로 이해가 간다. 그는 환하게 웃으며 얘기한다. "딸 엘라를 키운 것은 내 인생의 큰 축복이자 행복이야. 단지 한 가지 아쉬운 건 아이를 더 낳을 기회가 없던 것뿐이야!"

◇

베를린에서 만난 나의 여러 친구와 동료들은 공동체 가족으로 산다. 셰어하우스에서 함께 살며 힘든 일이 있을 때 혈연가족보다 가까이 서로를 돕고, 동성 파트너와 살며 이웃 한부모 가족의 아이를 돌봐주기도 한다. 남편과 사는 집의 게스트룸을 숙소가 급히 필요한 난민을 위해 늘 비워두는 친구도 있다.

이들을 보며 '가족'의 의미를 새롭게 새긴다. 결혼 여부나 성별, 나이 등에 상관없이 이들은 그저 삶의 동반자로 '함께' 산다. 그리고 이들의 삶은 '함께 사는 것'을 가족으로 인정하는 생활파트너십과 같은 제도가 뒷받침해주고 있다.

독일 정부의 이동 제한 조처로 모두가 격리된 채 집에서 지낸 지 3주째. 병원과 약국, 음식과 생필품을 살 수 있는 가게 등을 제외하곤 모든 가게의 문이 굳게 닫혀 있다. 하루에도 몇 번씩 안부를 묻는 동료들과 친구들의 연락이 도착한다. 아시아인인 내가 음식을 사러 나가는 길에 인종차별을 당하진 않았는지, 지내는 데 어려움은 없는지 따뜻하게 물어봐준다. 독일에서는 이들이 나의 자매이자 가족이다. 혈연보다 더 단단한, 사랑하는 나의 독일 가족.

"앞으로 내가 당신을
여자로 대하면 될까요?"

#트랜스젠더 #퀴어군인 #팬섹슈얼

막스는 스무살 때부터 독일연방군(Bundeswehr)으로
일해 온 군인이다. 군인인 아버지를 보며 어렸을 때부
터 군인의 꿈을 키웠고, 군인으로 일하는 것을 천직으
로 여기며 살았다. 그가 군인으로 일한 지 21년째 되던
2014년, 그는 남성으로서의 삶을 끝내기로 한다. 이미 열
일곱 살 때부터 자신을 여성으로 여겼지만 긴 시간 숨기
고 살아온 성 정체성을 바로잡고 행복한 삶을 살기로 결
정했다. 마흔이 되던 해였다.

여성 비율이 12퍼센트밖에 되지 않는 보수적인 연
방군 안에서 그는 커밍아웃한다. 커밍아웃 전, 탄탄대로
를 걷던 그의 경력에 흠집이 날까 걱정하는 동료들이 있
었다. 하지만 그는 그저 행복해지고 싶었다. 자신이 여성

아나스타지아(가운데) 중령이
자신이 이끄는 부대에서 동료들과 걷고 있는 모습.

"앞으로 내가 당신을 여자로 대하면 될까요?"

임을 더 이상 숨기고 살 수 없었다. 병원에 찾아가 '성별 위화감'(Gender Dysphoria) 진단을 받고 심리 상담과 호르몬 치료를 시작했다.

◦̈◇

막스는 병원을 찾아가기 전, 직속 상사를 찾아가 이야기를 꺼냈다. 그의 상사는 막스가 트랜스젠더임을 전혀 인지하지 못하고 있었고, 동시에 군대 내 트랜스젠더 이슈를 어떻게 다뤄야 하는지도 몰랐다. 상사는 자신이 트랜스젠더에 대해 모르는 것이 많으니, 막스에게 관련 정보를 모두 알려달라고 했다. 그리고 막스의 결정을 존중하며, 함께 이 과정을 이겨내보자고 했다. 상사는 막스에게 "앞으로 내가 당신을 여자로 대하면 되는 것이죠?"라고 물었고, 그리고 달라진 것은 없었다.

　동료 중 한 명은 막스에게 직접 물었다. "앞으로 어떤 이름으로 불리고 싶어?"

　막스는 대답했다. "아나스타지아."

　"그래 알았어, 아나스타지아."

　아나스타지아는 그렇게 처음으로 새 이름을 말하고, 동료가 자신을 아나스타지아라고 불러준 그 순간 모든 것이 마침내 현실이 되었음을 실감했다. 비로소 자신이 생각하는 정체성을 얻고 영혼을 지닌 사람이 되었다는 기분이 들었다. 아나스타지아는 커밍아웃 1년 뒤인 2016년 3월, 법적 성별을 남성에서 여성으로 정정했다.

커밍아웃 이후 그는 아무런 경력 손실을 겪지 않았다. 2017년 10월, 아나스타지아는 독일 베를린 근교 슈토르코브에 위치한 정보기술대대를 이끄는 중령으로 진급한다. 아이티(IT) 전문가 중심으로 이뤄진 약 750명의 군인이 일하는 대대를 이끄는 사령관이 된 것이다. 독일 연방군의 최초 트랜스젠더 사령관은 그렇게 탄생했다.

일반적으로 3년 뒤 근무지를 옮기는 관행에 따라 아나스타지아는 2020년 10월, 3년간의 정보기술대대 사령관 생활을 마치고 본(Bonn)에 위치한 사이버 정보부대로 자리를 옮겼다. 그는 슈토르코브에서 사령관으로 보낸 시간은 26년간의 군 생활에서 가장 행복한 시간이었으며, 그 어느 때보다 강한 유대감을 경험했다고 전했다.

아나스타지아의 이야기는 2019년 11월, 다큐멘터리 〈나는 아나스타지아입니다〉(Ich bin Anastasia)로 만들어져 독일 전역에서 상영됐다. 영화는 커밍아웃 이후 아나스타지아가 법적 성별 정정과 성확정(성전환) 수술 등을 통해 자신의 정체성을 찾아가는 과정과 사령관으로서의 임무를 다하는 모습을 담았다. 법과 의료에 관련한 복잡

한 경로가 담겨 있지만, 영화는 이 모든 과정을 진짜 자기 자신을 찾아가는 한 트랜스젠더의 행복한 여정으로 그린다. 그의 선택을 전적으로 지지하고 지원해준 부모와 동료, 친구들이 있었기에 가능한 일이었다.

특히 아나스타지아 곁에는 이 모든 과정을 함께한 사랑하는 그의 아내, 사만타가 있다(아나스타지아는 성별에 관계없이 사람을 사랑하는 팬섹슈얼[pansexual·범성애자]이다). 두 사람은 아나스타지아가 법적 성별 정정을 마친 뒤 성확정 수술을 앞두고 있을 때 처음 만났다. 평소 큰 키의 여성을 좋아했던 사만타는 187센티미터의 아름다운 아나스타지아를 처음 봤을 때, 트랜스젠더임을 인식하지 못했다. 대화를 나눈 지 몇 시간이 지나 아나스타지아가 "당신은 내가 언제부터 여성으로 살았는지 아직 물어보지 않았어"라고 말한 뒤에야 그가 트랜스여성임을 깨달았다. 그들은 사랑에 빠졌고, 사만타는 아나스타지아의 여정에 모든 순간 함께하고 있다.

"저에게 사랑은 어딘가에서 시작되고 끝나는 것이 아니라 계속 발전해나가는 것이에요. 물론 우리가 만난 이후 아나스타지아에게 신체 변화가 일긴 했죠. 우린 이 변화를 즐거운 방법으로 다루기로 했어요. 그의 행복한 두 번째 탄생을요."

아나스타지아와 사만타는 2018년 8월 결혼했다.
그들은 인터뷰를 위해 집으로 나를 초대했고,
행복한 결혼생활을 하고 있는
아나스타지아와 사만타를 만날 수 있었다.
©missingFILMs

"앞으로 내가 당신을 여자로 대하면 될까요?"

아나스타지아와 사만타는 두 차례의 성확정 수술을 앞두고 친구들을 초대해 즐거운 파티를 열었다. 페니스 모양의 다양한 음식을 만들어 친구들과 함께 나누어 먹고, 기다란 쿠션으로 집 현관을 버자이너 모양으로 꾸몄다. 2017년 독일에서 동성결혼이 합법화된 지 1년 뒤, 그들은 결혼했다. 아나스타지아는 "커밍아웃을 시작으로 이 아름답고 위대한 여정을 감행할 수 있었던 건 항상 곁에서 지지해주고 모든 순간 함께해준 사만타 덕분에 가능했다"고 말했다. 현재 아나스타지아는 '트랜스젠더법'(Transsexuellengesetz) 폐지 운동과 함께 트랜스젠더 이슈를 수면 위로 끌어올리고, 군대 내 성소수자인 퀴어를 지원하기 위한 여러 활동을 이어가고 있다.

독일 트랜스젠더법에 따르면, 법적 성별을 정정하고자 하는 남성 또는 여성은 두 심리학자에게 '적어도 3년 이상 바꾸고자 하는 성에 대한 느낌을 지녔는가, 앞으로 바꾸려는 성으로 계속 살고 싶어 하는가' 등 항목에 대한 상담 검토 보고서를 받아 법원에 제출해야 한다. 이후 판사가 결정을 내리며, 성별을 정정하는 과정에서 한화로 약 300만 원에 가까운 행정 수수료가 든다. 이에 대해 아나스타지아는 트랜스젠더법이 스스로 성 정체성을 결정할 수 있는 권리 침해, 강제 심리검사를 받아야 하는 과정에서 발생하는 낙인과 차별, 1년 정도 걸리는 긴 행정절차와 비싼 수수료 등의 문제를 지니고 있다고 지적했다.

무엇보다 그는 트랜스젠더 이슈를 가시화하는 일에 주력하고 있다. 커밍아웃 1년 뒤 연방군 내 매체에 인터뷰를 하거나 다큐멘터리 촬영에 응한 것도 모두 트랜스젠더가 우리 주변에 있다는 걸 알리기 위한 결정이었다. 그는 말한다. "트랜스젠더는 자주 일터에서 편견과 오해에 시달리며, 끝내 해고당하는 차별을 겪는다. 다행히 독일연방군 내에서 트랜스젠더는 해고되지 않고 보호받지만, 여전히 우리가 군 복무에 적합하지 않다는 일부 의견 때문에 군대에서 여러 차별을 경험한다."

예를 들어 독일 공군이었던 크리스티아나는 2001년 커밍아웃한 뒤 해고되지는 않았으나 10년 뒤 스스로 군대를 떠났다. 군대가 트랜스젠더인 자신을 있는 그대로 받아들이지 않는 느낌을 자주 받았다고 한다. 그는 독일의 첫 여성 전투기 조종사였지만, 독일군에는 그에 관한 기록이 없다. 그는 현재 유럽 항공우주 방위사업체인 에어버스에서 일하고 있다.

군대 내 퀴어를 지원하기 위해 아나스타지아는 퀴어 군인으로 이뤄진 비영리단체 퀴어연방군협회(QueerBw)*의 이사로도 활동 중이다. 아나스타지아의 활동에 대해 듣다가 성확정 수술 후 군으로부터 강제전역 당해 법적 투쟁을 이어가고 있는 변희수 하사의 이야기를 전했다. 아나스타지아는 듣자마자 바로 변희수 하사에게 연대 메시지를 전했다.

"첫 번째 커밍아웃 후 힘든 상황이라는 거 알고 있어요. 많은 이의 지지가 필요할 것으로 짐작됩니다. 당신의 뜻을 함께할 수 있는 정치인, 동료, 친구의 도움을 받아 현재 싸움을 잘해나가길 바랄게요. 무엇보다 지금 당신의 투쟁이 모두를 위한 투쟁임을 잊지 마세요." ♦♦

♦ 퀴어를 둘러싼 군대 문화를 바꾸는 것이 단체 활동의 주된 목적이다. 이를 위해 아나스타지아를 비롯한 250여 명의 회원은 군인을 대상으로 퀴어 인권 보호를 위한 무료 강의를 다니고, 군대 내 여러 교육프로그램을 기획할 때 퀴어 이슈가 다뤄지도록 하고 있다. 군대 내에서 차별을 경험하는 군인을 위해 일대일 상담도 제공한다.

♦♦ 아나스타지아 인터뷰를 진행한 건 단 한 가지 이유 때문이었다. 변희수 하사에게 힘이 되고 싶었다. 여기 커밍아웃 후 사령관까지 지내고 있는 독일 퀴어 군인이 있다고, 파트너와 함께 행복하게 살고 있는 아나스타지아를 보며 당신이 품고 있는 희망을 잘 지켜내기를 바란다고 전하고 싶었다. 하지만 힘이 되지 못했다. 나는 변희수 하사의 부고를 아나스타지아에게 전하지 않았다. 아니, 전하지 못했다. 군번 17-500589, 변희수 하사의 명복을 빈다.

인터뷰를 하면서 International Women* Space(국제여성공간, IWS)에서 함께 일하는 동료인 트랜스젠더 에스(S), 이란 출신 트랜스여성 난민 활동가로 종종 현장에서 만나는 엠(M), 동료들과 가장 자주 가는 카페에서 일하며 자신의 성확정 수술 지원금 마련을 위한 파티를 열었던 아르(R)가 생각났다. 그들은 그저 내 동료이고, 단골 카페에서 일하는 친구이며, 활동가 동지다. 트랜스젠더가 미디어에서만 다뤄지는 특별한 이야기가 아니라 이처럼 일상과 주변에 많아질수록, 우리는 비로소 차별 없는 세상을 어떻게 만들어나갈지 논의할 준비가 됐다고 말할 수 있을 것이다.

미래를 긍정적으로 전망하기 어려워진 요즘, 아나스타지아와 사만타를 만나 내가 꿈꾸는 세상에 조금은 가까워진 기분이 들었다. 오래도록 잊히지 않을, 베를린의 따스한 봄밤이었다.

우리는 궁금하지 않고
그래서 묻지 않는다

#이주배경 #독일인 #인종차별

프리랜서 저널리스트로 일하다 보니, 독일 언론 기사만
큼 자주 체크하는 채널이 있다. 이주배경이 있는 독일인
저널리스트가 운영하는 방송이나 개인 SNS 계정이다.

    터키인 아버지와 한국인 어머니가 있는 독일인 저
널리스트이자 비디오 프로듀서인 에스라 나연의 '카라
카야 토크'(KARAKAYA TALK), 베트남계 독일 저널리
스트 바네사 부와 민 투 트란이 진행하는 팟캐스트 '라
이스 앤 샤인'(Rice and Shine), 한국계 독일 저널리스트
프랑크가 진행하는 '할브 카토펠'(Halbe Katoffel) 등이
그 예다. 이들은 독일에서 나고 자란 '이주 배경이 있는
독일인'으로, 그들의 시선으로 바라보는 독일 사회 이야
기를 듣는 게 늘 흥미롭다.

얼마 전에는 독일-나이지리아 언론인 말콤의 개인 계정을 둘러보다 그가 올려놓은 독일 방송 영상 하나를 보게 됐다. 2019년 봄에 있었던 한 캐스팅쇼 장면이었다. 다섯 살 된 어린 참가자가 무대를 마쳤고, 관객들의 뜨거운 박수를 받았다. 아시아인 얼굴을 하고 있는 참가자에게 심사위원으로 참석한 독일 뮤지션인 디터 볼렌이 물었다.

"넌 어디서 왔니?"(Woher kommst du?)

질문을 듣자마자 탄식이 나왔다. '또 시작이네.' 그는 원하는 대답이 나올 때까지 집요하게 물을 게 뻔했다. 어린 참가자가 답했다.

"헤르네(Herne, 독일 노르트라인베스트팔렌주에 있는 도시)에서요."

"아, 그럼 엄마나 아빠는? 필리핀?"

"그들도 헤르네 출신이에요."

디터 볼렌의 질문은 거기서 멈추지 않았다.

"그럼 그들은 어디서 태어났니? 조부모님은 어디서 오셨고?"

이때 마이크를 잡은 건 무대 뒤쪽에 서 있던 참가자의 엄마였다. 그는 "우리 가족은 태국에 뿌리를 두고 있습니다"라고 답했다. '태국'이라는 단어를 듣고 나서야 디터 볼렌은 이들의 '뿌리'를 캐묻는 질문을 멈췄다.

이를 본 말콤은 "이 장면은 아시아인 얼굴을 하고 있는 참가자가 독일인이라는 것을 헤아리기 어려워 독일 음악가가 어린 참가자의 뿌리에 대해 심문한 것"이라며 "이는 독일이 모든 면에서 이민자로 구성된 사회라는 것을 여전히 부정하는 모습"이라고 비판했다.

◦▫

독일 연방통계청 자료에 따르면, 독일에 거주하는 총인구 약 8312만 명 중 약 2124만 명이 '이주 배경'을 가지고 있다(2020년 6월 기준). 이 중 1110여만 명은 '이주 배경을 갖고 있는 독일인'이고 나머지는 외국인이다. 여기서 '이주 배경'이란 적어도 부모 중 한 명이 독일 국적을 가지고 있지 않거나 귀화, 입양 등의 경험을 가진 경우를 뜻한다.

이처럼 독일은 '독일인'과 '이주 배경을 가진 독일인'을 나눈다. 이런 구분으로 인해 '이주 배경을 가진 독일인'의 상당수는 독일에서 나고 자랐음에도 불구하고 앞의 캐스팅쇼의 참가자처럼 일상에서 독일인으로 받아들여지지지 않는다.

International Women* Space(국제여성공간, IWS)에서 만난 튤린 역시 '이주 배경이 있는 독일인'이다. 성차별과 인종차별에 반대하는 다양한 예술 프로젝트를 이끌며 퀴어 인권운동가로 활동하는 튤린은 1978년 독일에서 태어났다.

1963년 터키에서 독일로 이주한 그의 부모님은 시리아 국경에서 자란 분들로 터키에서도 민족적으로, 종교적으로 소수이며, 이들의 모국어는 아랍어다. 아버지는 독일의 몇 안 되는 터키어-독일어 및 아랍어-독일어 번역가이기도 하다.

튤린은 독일에서 나고 자라면서 다른 독일인과 똑같은 교육과정을 밟았지만 늘 어디서 왔느냐는 질문을 들어야 했다. 그와 그의 동생은 유치원과 초등학교에서 유일한 비독일인으로 지내면서 독일 사회가 구분해놓은 '진짜 독일인'과 그렇지 않은 독일인 사이에 놓인, 보이지 않는 경계선을 피부로 느끼며 자랐다.

어렸을 때 튤린은 늘 생각했다고 한다. '우리는 이주 배경과 이주 역사를 가진 '새로운 독일인'인데, 모두가 어디서 왔냐는 질문으로 우리에게 '당신은 진짜 독일인이 아니야'라고 말하는구나.' 이처럼 튤린에게 "넌 어디서 왔니?"란 질문은 국적이나 민족, 인종에 관한 **정보를 묻는 것이 아니라 정치적인 질문이다.**

"나는 독일인도, 터키인도 아니고 문화적으로 아랍인도 아니야. 그래서 난 지금도 일상 투쟁 중이지.

IWS 같은 그룹 활동에 연대하는 건 지금 독일에 도착했거나 정착하려고 노력 중인 여성들과 내가 같은 정치적 지위를 갖고 있기 때문이고. 물론 내 언어와 지식 등 내가 가진 특권을 잘 알고 있어. 그렇기 때문에 이 사회운동에 기여하고 싶은 거야. 바로 지금이 여성이 연대하기 좋은 기회라고 난 믿어. 독일이 백인의 역사로만 이뤄진 사회가 아니라 다른 사람들, 다른 이야기가 존재한다고 알릴 수 있는 기회말이야. 그래서 IWS와 여러 단체가 이런 주제에 대해 토론의 장을 만들고 있는 게 정말 중요하다고 생각해."◆

IWS에는 독일 여성, 이주 여성, 난민 여성 등이 함께 활동하고 있어, 처음 멤버들을 만났을 때 얼굴만 봐서는 국적이나 출신을 알 수 없었다. 동료들과 가까워질수록 난 그들의 이야기가 궁금했지만, 한동안 아무것도 묻지 않

◆ 툴린의 자세한 이야기는 IWS에서 세 번째로 발행한 책 «내가 독일에 왔을 때»(*Als ich nach Deutschland kam*)에 담겨 있다. 이 책은 독일 페미니즘 역사를 새로 쓰고 있는 스물두 명의 난민, 이주 노동자, 독일 여성의 이야기를 다뤘다. 이 중 5장인 '독일인, 그러나 이주 배경을 가진' 챕터에서 툴린을 비롯한 이주 배경을 가진 독일 여성들의 이야기를 들을 수 있다.

은 채 기다렸다.

시간이 지나면서 자연스레 동료들과 개인적인 이야기를 나누게 됐을 때 깨달았다. 내가 생김새로 그들의 출신을 짐작하고 있었단 사실을. 쿠르드어를 유창하게 구사하며 쿠르드족 여성 인권을 위한 활동에 앞장서는 수잔나가 독일인임을 알게 됐을 때, 나의 페루 친구 크리스티나를 똑 닮아 남미에서 이주했을 거라 추측했던 키야가 독일에서 나고 자란 독일인임을 알게 됐을 때, 부끄러웠다. 어디서 왔는지 묻지만 않았을 뿐, 외모로 누군가의 민족이나 인종을 단정했단 사실이.

키야는 볼리비아에서 독일로 이주 온 아버지와 독일인 어머니 사이에서 태어난 독일인임에도 불구하고 생김새 때문에 항상 '어디서 왔느냐'는 질문을 듣는다고 했다. 얼마 전 네오나치들의 집회가 크게 연이어 열렸을 때 길거리에서 한 백인 남성에게 "너희 나라로 꺼져라"라는 소리를 들은 것도 다른 외국인 동료가 아닌 독일인 키야였다.

물론 '어디서 왔느냐'는 질문 자체가 차별이 아니라고 생각하는 이들도 있다. 부모가 쿠르드족과 야지디족(쿠르드 계열의 소수민족) 출신인 저널리스트 듀첸 테칼은 독일인이지만 사람들이 자신의 출신에 대해 묻는 것이 불편하지 않다고 말했다. 다만 자신의 이주 배경으로 불이익이 발생하는 인종 차별은 함께 싸워나갈 문제라고 덧붙였다. 그는 말했다. "예를 들어 집을 구할 때 외국인 성을 쓰고 있는 경우 집 구하기가 훨씬 어려운 것처럼, 이주 배경을 가진 이들이 독일 사회의 일부가 되어서는 안 된다는 생각에서 비롯되는 실질적 차별에 맞서 싸워야 한다."

하지만 출신을 묻는 질문, 이주 배경이 있는 독일인의 정체성과 사회 배제 문제가 연결되는 지점이 있다. 독일 내 흑인 아동 및 청소년의 활동을 지원하고 인종차별 반대운동을 펼치는 비영리단체 '이니셔티브 슈바츠 멘션'(Initiative Schwarze Menschen)에서 일하는 타히르 델라는 독일 뮌헨에서 태어난 활동가다. 그는 "누군가를 만나면 항상 가장 먼저 어디에서 왔느냐는 질문을 받는데, 뮌헨이라고 답하면 부모와 조부모의 출신을 이어 물어요. 처음 만난 백인 독일인끼리 이런 질문을 하진 않겠죠"라며 하얀 피부와 금발 머리가 아니라서 받는 이 질문에 신물이 난다고 했다. 호기심의 결과이고 기분을 상하게 할 의도가 없었다 하더라도 타히르에게 '어디서 왔느냐'는 질문은 결국 자신의 존재에 의문을 제기하는 것이다. 결국 흑인이 어떻게 그리고 왜 여기에 있는지 묻는 질문이기 때문이다.

난 더 이상 누군가에게 어디에서 왔는지 질문하지 않는다. 나에게도 묻지 않았으면 한다. 한국에서 왔다는 말 뒤에 이어지는 "남한이냐 북한이냐?"(북한의 정치적 상황이 어떤지 대부분 아는 이들이 이런 질문을 던진다), "나도 김치 좋아해" 등 백인의 무지하고 뻔한 질문을 듣고 싶지 않다. 수많은 이주자가 사는 베를린에서도, 길거리에서 아시아인으로 보이는 사람을 만나면 무례하게 '니하오', '곤니치와' 같은 인사말을 던지는 이들이 여전히 있다.

그들에게 전하고 싶다. 누군가의 출신이 궁금하다면, 잘 알지도 못하는 아시아 언어로 괜스레 말을 걸어보고 싶다면 이 점을 꼭 명심하길. 그 상대는 당신에게 아무것도 궁금하지 않으며, 당신과 단 한마디 말도 섞고 싶지 않다는 것을.

카메룬에서 온 이웃,
도리스의 특별한 집들이

#난민이웃 #난민환영 #강제송환

카메룬에서 온 도리스는 늘 조용했다. 독일에서는 보통 포옹으로 인사를 하는데, 첫 만남에서 나눴던 도리스와의 포옹에서 경계심을 느낄 수 있었다. 거의 말이 없고 잘 웃지 않는 도리스를 보며 털어놓기 힘든 이야기가 그녀 안에 가득하다는 걸 알 수 있었다.

시간이 지나면서 도리스의 변화를 느낀다. 포옹할 때 경계심 대신 따뜻함으로 날 안으며 환히 웃는 그녀를 본다. 우리가 동네 이웃임을 알게 된 후로는 종종 함께 집에 가며 이야기를 나누는 사이가 됐다.

◇

도리스는 8년째 독일에 살고 있지만, 독일 정부가 최소한

의 난민만 수용하려는 탓에 아직도 그의 망명 신청이 받아들여지지 않아 '임시 체류 허가' 상태로 지내고 있다. 망명 신청 과정에 있으면 정식으로 일을 구할 수 없기 때문에, 도리스는 계약서 없이 불안정하고 고된 청소 일을 하며 생계를 유지한다. 체류가 보장되는 비자가 언제 나올지 모르는 채 하루하루 살아가는 '임시 체류 허가' 상태의 난민들은 1개월에서 6개월마다 상태를 갱신해야 하고, 다른 도시로 자유롭게 이동할 수도 없다. 무엇보다 난민에게 살인이나 다름없는 '강제송환'에 대한 불안과 두려움이 이들을 갉아먹는데, 도리스 역시 두 번이나 추방당할 뻔했다.

강제송환의 위험은 예고 없이 닥친다. 2016년 여름, 새벽 3시 30분. 도리스가 지내는 숙소에 갑자기 경찰 다섯 명이 들이닥쳤고 도리스의 양 팔목에 수갑을 채우며 말했다.

"당신은 이제 카메룬으로 돌아갈 거야. 당신에게 주어진 시간은 끝났어."

도리스에겐 벌써 두 번째 위협이었다. 도리스는 신발도 없이 얇은 잠옷에 양말만 신은 채로 차에 태워졌다. 두 상자밖에 안 되는 짐이라도 가져가게 해달라고 애원했지만, 경찰은 들어주지 않았다. 도리스를 태운 차량은 베를린 테겔 공항에 도착했고, 그는 다른 경찰에게 넘겨졌다. 어딘지 모를 공항의 한 공간으로 보내진 도리스는 이내 알아차렸다.

'독일에 처음 도착했을 때 머물렀던 그 공간이구나. 8년이 지나 저들은 이제 여기서 나를 추방하려고 하는구나.'

도리스는 경찰이 난민을 어떻게 대하는지 알고 있었다. 존중은커녕 자신을 죽일 수도 있다고 생각했다. 하지만 도리스는 웅크리고 있지 않았다. 이동하는 내내 도리스는 온몸으로 맞섰다. 상처가 났고 피를 많이 흘렸다. 어느새 아침이 밝아왔고, 도리스는 계속 울며 저항했다. 맨발에, 피에 젖은 얇은 드레스를 입은 채로. 해가 뜨자 경찰은 도리스를 비행기로 데려갔다.◆ 비행기 안에서도 도리스는 저항을 멈추지 않았다. 정신이 혼미했지만, 이대로 카메룬으로 보내질 수 없다는 생각에 계속 소리지르며 발버둥쳤다.

'내가 유럽에 온 건 내 나라에서 살 수 없기 때문인데, 이렇게 나를 강제 추방시킨다고? 그럼 난 뭘 할 수 있

◆　독일에서 난민의 강제송환은 일반 승객이 타는 비행기로 진행된다. 강제 송환시키는 국가인 독일과 난민 고국의 합작으로 송환이 이뤄지는 것이다. 도리스 역시 베를린에서 카메룬으로 떠나는 비행기에 일반 승객들과 함께 태워졌다.

지? 나 자신을 죽여야 하는 건가?'

당시 상황에 대해 도리스는 International Women*
Space(국제여성공간, IWS)에서 진행한 인터뷰에서 이
렇게 증언했다.

"만약 당신이 강제추방 당한다면 당신은 죽임을 당
할 수 있습니다. 난민에게 강제 추방은 죽어가는 과
정이죠. 내가 카메룬에 도착한다면 당신은 두 번 다
시 나를 볼 수 없게 될 겁니다. 그리고 모든 건 끝이
나겠죠. 아무도 내가 어떻게 됐는지 모를 거예요.
첫 번째 강제추방을 당할 때도 그랬어요. 경찰들이
나를 끌고 갔을 때 아무도 나를 보지 못했고, 난 그
저 사라졌습니다. 그때 난 옷을 벗으며 저항했습니
다. 그러자 그들은 나를 다시 시설로 데려다 놓았
죠. 그 후 이렇게 다시 두 번째 강제추방 위협을 겪
었습니다. 그저 죽을힘을 다해 저항했고, 거기서 어
떻게 빠져나왔는지 당시엔 알지 못했습니다."♦♦

♦♦ 도리스의 강제추방 경험을 담은 인터뷰 영상은 IWS 홈페이지
(https://iwspace.de/)에 공개돼 있다. 이 책에 실린 경험담 일부는
IWS가 펴낸 두 번째 난민 여성 증언집 «우리는 존재한다, 우리는
여기에 있다»에 담겨 있다.

도리스가 다시 거주 시설로 돌아올 수 있었던 건 기적이었다. 기장이 안전을 이유로 도리스를 태우고 비행하지 않겠다고 결정한 것이다.

이후 도리스는 일주일 내내 피를 흘렸다. 아무에게도 말하지 않았고 의사를 찾아가지도 않았다. 모든 감각을 잃은 채로, 사람이 아닌 것처럼 지냈다. 어느 날, 앉아서 자기 몸을 들여다본 도리스는 하염없이 울었다. 자신에게 벌어진 모든 일을 혼자 감당해야 하는 시간이었다.

죽음과도 같은 강제송환 과정을 두 번이나 겪은 도리스는 지금 생각한다.

"그들이 나를 다시 추방하려고 하면, 나는 그들에게 무언가를 보여줄 겁니다. 내 목숨을 그들 앞에 보여줄 거예요. 나는 그들을 기다리고 있습니다. 그들 역시 무언가 또 계획하고 있겠죠. 이젠 나도 그렇습니다. 나도 이제, 그들을 기다립니다."

◦◦

현재 독일에 망명 신청을 한 난민 인구는 약 110만 명(2018년 6월 30일 기준, 독일연방의회 자료)이며 이 중 43퍼센트가 여성이다. 연도별로 보면 내가 독일에 도착한 2016년에 역사상 가장 많은 74만 5545명이 난민 신청을 했다.

　난민 여성들은 전쟁, 가난, 정치적 박해 등을 이유
로 떠나오지만 강제결혼, 가정 폭력과 전쟁 성폭력, 여성
생식기 절단 등 젠더에 기반을 둔 박해를 피해 도망 오는
경우가 많다. 그리고 이 억압은 독일에 도착한다고 해서
끝나지 않는다. 가해 남성들의 추적이 끈질긴 데다 라거
(Lager)라 불리는 난민 수용시설에서 그들은 수감과 다
름없는 생활을 한다. 대부분 시내에서 멀리 떨어져 있고,
커뮤니티 형성이나 자유로운 통행, 방문자 방문 등이 부
분 통제된다.

　라거의 형태는 천막촌, 공공기관 건물, 가정집 등 다
양하다. 독일 정부는 이곳을 독일어로 '집'이란 뜻의 '하
임'(Heim)으로 부르지만, 활동가들은 이 단어 사용을
거부한다. 이곳은 그들에게 절대 '집'이 아니다. 숙소를
드나드는 남성들에 의해 매일 위협받고 불안한 삶을 이
어가고 있으며, 보안장치가 허술한 화장실과 샤워실이
생활공간과 먼 외부에 설치된 경우도 많다. 그래서 우리
는 이곳을 '수용소'라는 뜻을 담은 '라거'라고 부른다.

　독일로 오기 전, 독일 국경으로 걸어오는 난민을 향
해 '난민 환영' 문구를 들고 반기는 독일인들의 모습을
영상으로 본 적이 있다. 아무것도 모르던 그때는 독일이
난민을 적극적으로 받아들이고 지원하는 선진국이라 생

각했다. 독일에서 5년 가까이 살며 난민 친구들을 사귀게 된 지금도, 독일이 유럽 국가 중 난민 수용을 위해 큰 노력을 기울이고 있다는 건 인정한다. 그러나 난민을 '환영'하는 나라는 아니다. 도리스를 비롯한 나의 난민 활동가 동료와 친구들이 이를 일깨워주었다.

❁

코로나로 모임이 금지되기 전, 우리 집에서 세 블록 정도 떨어진 곳에 사는 도리스가 새로 이사한 집에서 소박한 파티를 열었다. 여러 명이 방은 각자 쓰되 부엌, 화장실 등 공용공간은 같이 쓰는 셰어하우스인 '본게마인샤프트'(Wohngemeinschaft, WG)였다. 각기 다른 나라에서 온 하우스메이트들이 준비한 다양한 음식과 음료가 손님을 맞이했고, 부엌과 복도, 화장실 여기저기에는 이주나 난민, 젠더 이슈를 담은 예술 작품과 행사 포스터가 그득해서 따스함이 돌았다. 그 한가운데서 도리스가 활짝 웃고 있었다. 저렇게 온 얼굴로 웃는 걸 본 적이 있었나 싶을 정도로. 그는 진심으로 난민을 환영하고 그들과 함께 살고 싶어 하는 하우스메이트 속에서 행복해 보였다.

　　독일은 난민을 환영하지 않지만, 나를 비롯한 베를린의 페미니스트들은 지금처럼 난민 여성을 환영하고

각기 다른 나라에서 온 하우스메이트들이
함께 사는 집에서 열린 집들이 모습.
난민을 환영하고 그들과 함께 사는 이웃 속에서
도리스는 행복해 보였다.

ⓒ채혜원

카메룬에서 온 이웃, 도리스의 특별한 집들이

그들이 겪는 어려움을 함께 헤쳐 나갈 것이다. 도리스의 '임시 체류 허가'가 빠른 시일 내에 '체류 허가'로 바뀌길 간절히 바라며.

연대파티를 열자,
마리아를 위해

#로마니 #증오범죄 #여자를돕는건여자

루마니아에서 온 마리아는 '로마'(Roma) 또는 '로마니'(The Romani)라 불리는 민족 여성이다. 흔히 '집시'(Gypsy)라고들 부르지만, 이들을 경멸하고 무시하는 뜻을 담고 있어 활동가들은 이 단어를 사용하지 않는다. 루마니아는 유럽연합(EU)의 일부지만, 유럽에서 이방인 취급을 받아 주택, 교육, 의료 등 여러 분야에서 차별을 당하고 있다. 나치 독일에서도 이들은 열등한 종족으로 지목돼 학살당하고 강제 노역으로 고통받은 역사가 있다.

마리아는 International Women* Space(국제여성공간, IWS)에서 만났다. 그는 2012년 겨울, 게르하르트 하웁트만 학교에서 IWS의 싹이 막 움트던 그 시절부터

마리아(사진 가운데)가 IWS 멤버들과 함께
크로이츠베르크의 한 공원에서 환히 웃고 있다.
©IWS

연대파티를 열자, 마리아를 위해

IWS와 함께였다. 여성 활동가들이 주축이 돼 진행한 정치적 행동과 캠페인에 마리아는 빠지지 않았다.

그의 호탕한 웃음과 넘치는 활기는 언제나 주변을 밝혀주었다. 늘 있는 힘껏 안아주며 인사하는 마리아가 나는 이유 없이 좋았다. 독일에서 이주자, 이주 여성으로 살며 겪는 여러 경험 때문에 웅크리고 지내는 날들이 많았는데, 그를 바라보고 있으면 절로 웃음이 났고, 만날 때마다 기뻤다.

그런 마리아가 2019년 3월, 그녀의 남편 그리고 남편 동생과 함께 베를린 지하철에서 칼에 찔리는 인종차별 테러를 당했다. 테러범은 2미터에 달하는 큰 키의 독일 여성이었다. 그는 마리아의 남편과 남편 형제를 먼저 공격했고, 이 과정에서 마리아의 남편이 복부와 간 부근을 찔려 크게 다쳤다. 이어 마리아를 찌르려고 할 때 마리아가 칼을 들고 있는 테러범의 팔을 막았다. 순간 가해자가 균형을 잃고 마리아와 함께 넘어지면서 마리아는 목 부근을 찔렸다.

달리는 지하철 안에서 마리아는 도와달라고 외쳤지만 아무도 도와주지 않았다. 다음 역에 도착할 때까지 마리아와 가족들은 피를 흘리며 테러범과 대치했다. 다행히 이 상황을 지켜보던 한 독일 남성의 신고로 출동한 경찰들이 테러범을 체포했다. 심각한 부상을 입은 마리아와 가족들은 곧장 병원으로 이송됐다.

　　마리아의 소식을 들은 날, 베를린은 아름다운 봄빛으로 반짝거리고 있었다. 하루를 무사히 마친 시민들이 강가에 앉아 평화롭게 맥주를 마시며 저마다 평안한 저녁 시간을 보내고 있었다. 집에 가는 길에 그 풍경을 바라보는데 속절없이 눈물이 흘렀다. 너무나 순수하고 맑은 마리아의 미소가 생각나서, 칼을 들고 자신을 찌르려는 테러범에게 "진정하세요. 이러지 마세요"라고 설득했을 마리아의 얼굴이 자꾸만 떠올라 터진 울음이 오래 가라앉지 않았다.

　　젠더를 기반으로 한 폭력과 차별은 익숙하다. 한국에서 '여성'이기에 겪었던 차별과 폭력이 독일에서는 '아시아 여성'이라 받는 차별로 바뀌었을 뿐이다. 젠더 차별과 폭력에 대해선 이미 박인 굳은살에서 대응 능력이 생긴다. 언어와 몸짓으로 희롱하는 백인 남자는 두려움보단 분노의 대상이다. 그러나 인종차별에 기반한 폭력 앞에선 다르다. 대처가 되지 않는다. 유럽의 이주자로 살기 전에는 전혀 겪지 않았던 폭력이라, 이런 소식을 접할 때마다 한없이 무너져 내린다. 더욱이 그 상대가 나를 죽이려고 칼을 들고 있는 2미터에 달하는 독일인이라면 내가 무엇을 할 수 있단 말인가.

　　어느 정도 짐작했지만, 독일의 어떤 매체에서도 이

사건을 다루지 않았다. 반대로 한 이주 여성이 독일 여성을 칼로 찔렀다면 어땠을까. 방송사에서는 특집 방송을 내보내고, 신문사에서는 특별 기획으로 몇 페이지를 할애했을 것이다. 지금까지 매우 드물게 발생했던 난민이나 이주민이 저지른 범죄에 대해서는 대서특필해왔던 것처럼.

○
°□°

사건 발생 이후 '베를린 국제주의 페미니스트 연합'은 즉각 모임을 가지고, 마리아를 재정적으로 도울 워킹 그룹을 꾸렸다. 마리아는 테러로 인한 몸과 마음의 상처를 떠안은 채 비싼 변호사 선임비와 병원비, 병원에서 지내는 동안 들어갈 생활비를 감당해야 하는 상황이었다. 마리아 혼자 이 모든 걸 감당하게 둘 수 없었다.

먼저 우리는 대표적인 베를린 대안예술 공간이자 우리가 사랑하는 클럽인 SO36에서 마리아를 위한 '연대 파티'(Solidarität Party)를 열었다. 베를린의 작은 클럽이나 공연장에서는 '연대 파티'가 자주 열린다. 누군가 도움이 필요할 때 기부금을 모으기 위한 것이다. 여느 파티처럼 간단한 음식과 음료를 즐기면서 공연을 보고 춤도 추지만, 파티를 통해 모아진 기부금이 어디에 어떻게 쓰이는지 행사 내내 홍보한다. 마리아를 위한 연대 파티

베를린의 공연장이나 클럽에서는
'연대 파티'가 자주 열린다. 2019년 봄,
베를린 클럽 SO36에서 열린 마리아 연대파티에도
많은 이들이 함께했다.
ⓒ채혜원

에는 200여 명이 참석해 십시일반 기부금을 모았다.

예상대로 재판에서는 테러범의 명백한 인종차별과 공격 행위보다, 알코올 중독으로 인해 기억이 나지 않는다는 가해자의 심신미약 상태가 고려 대상이었다. 가해자 측은 로마니 가족을 겨냥한 인종차별 공격이 아니라고 강조했다. 하지만 가해자가 지하철에서 마리아 가족을 공격하기 전, 노숙자인 로마니족에게 침을 뱉고 인종적인 모욕을 한 사실이 드러났으며 지하철 여러 대를 보내고 한참을 기다리다 마리아 가족을 뒤따라 지하철에 탑승한 모습도 CCTV에 찍혔다.

2019년 11월까지 이어진 재판 내내 여성들은 마리아 곁을 지켰다. IWS와 로마니 차별반대 네트워크 등은 재판이 열릴 때마다 법정 앞에서 피켓을 들고 구호를 외쳤다.

"로마니 여성에게 폭행을 가한 가해자가 법정에 서는 경우는 거의 없습니다. 이들에 대한 인종차별 범죄는 언론에도 거의 보도되지 않습니다. 우리는 이 문제를 가시화해야 합니다. 로마니에 대한 명백한 인종차별 문제를 드러내야 합니다!"

여성들은 마리아 재판이 열릴 때마다 형사재판소로 모

여들었다. 마리아에 대한 연대를 표하기 위해 재판 방청에 참여하려는 이들이 너무 많아 재판정에 일부만 입장할 수 있을 정도였다. 가해자가 심신미약 상태였는지에 초점이 맞춰지는 재판 분위기 속에서도 마리아는 용기를 내 증언했다. 자리에서 일어나 증언대에 설 때, 그리고 증언이 끝나고 내려와서도 마리아는 방청석에 앉아 있는 우리에게 크게 손 흔들어 인사했다. 우리 역시 마리아를 위해 손을 흔들며 화답했다.

짧지 않은 재판 끝에 마리아 가족을 공격한 독일 여성은 살인미수 혐의로 4년 9월형을 받고 현재 복역 중이다. 검찰은 그의 범죄 동기를 '로마니에 대한 증오'로 꼽았다. 활동가들은 낮은 형량에 분노했지만, 우선 마리아를 계속 지원하는 데 집중하고 있다. 마리아에게는 돌봐야 하는 여러 가족이 있고, 말기 암을 앓고 있는 남편이 있다. 지금도 공격받았던 동네에 살고 있어 다른 동네로 이사하길 원하고 있다. 또다시 공격당할까 봐 두려워 마리아는 요즘도 잠을 제대로 잘 수 없다고 말했다.

'베를린 국제주의 페미니스트 연합'은 이번 일을 겪고 난 뒤 마리아가 칼에 찔렸던 동네에서 인종차별 공격을 당한 또 다른 여성 피해자가 있음을 알게 됐다. 그녀는 누구에게도 말하지 않고 홀로 폭력의 결과를 떠안고 있었다. 마리아도 처음에는 이 사건을 알리고 싶어 하지 않았다. 지금도 이름과 얼굴이 알려지는 걸 두려워한다. 하지만 또 다른 테러범을 마주칠지도 모른다는 공포보다 그녀들을 더 두려움에 떨게 만든 건 '혼자'라는 생각이었다.

이제 그들은 서로 피해 경험을 나누면서 혼자가 아님을 알게 됐고, 자신이 겪은 폭력을 알려 다른 피해자들과 함께 이 문제에 대응하기로 했다. 여성 연대로 가능했던 미투(#MeToo) 운동은 이렇게 계속 이어지고 있다.

◇

마리아의 재판이 진행되는 동안 우연히 내가 좋아하는 작가인 브레네 브라운 휴스턴대학교 교수가 차별에 관해 이야기한 영상을 봤다. 미국 로스앤젤레스 캘리포니아대학에서 열린 강연에서 브라운 교수는 "인종차별과 성차별, 동성애 혐오 등에 대한 편견으로 공격당한 사람들에겐 먼저 나서서 대화의 장을 마련해야 하는 책임이 없다. 다수인 쪽에서 진정한 대화를 위해 불편을 감수하고 용기를 선택할 수 있어야 한다"고 말했다.

그의 말이 맞지만, 우리는 여전히 피해자가 용기를 내어 대화의 장을 마련해야 하는 시대에 살고 있다. 인종차별과 성차별을 불편한 주제로 느끼는, 그 불편함이 특권인 것조차 모르는 이들은 여전히 침묵하고 있다. 마리아가 겪은 인종차별과 연관된 사건에 대해 독일 사회가 침묵하는 것처럼.

누군가를 도와야 할 때, 연대의 메시지가 필요할 때 베를린의 여성 활동가들은 늘 파티를 열어 기부금을 모으고 어떤 여성도 혼자가 아님을 말해왔다. 그리고 우리의 연대는 계속될 것이다. 카를 마르크스가 «공산당 선언»에 쓴 문구를 바꿔서 써본다.

"만국의 여성이여, 단결하라!"(Frauen aller Länder vereinigt Euch!)

페미니스트들의
말, 글, 목소리를 모읍니다

#페미니즘도서관 #아카이빙 #기록의힘

누구에게는 베를린이 스타트업이 성장하는 도시, 신성장 동력을 창출하는 스마트시티일지 모른다. 내게 베를린은 느린 속도로 흘러가는 펜과 종이의 도시다.

동네를 걷다 보면 새로 물건을 구한다거나 판다는 내용의 손글씨 전단을 여기저기서 볼 수 있다. 개인정보와 관련 있는 문서들은 이메일이 아닌 우편으로 도착하고, 일할 때도 어떤 규모의 회의가 열리든 회의록을 적어 공유한다. 무엇보다 베를린에선 집회나 행사 소식도 SNS보다 시민 공간 곳곳에 비치된 팸플릿이나 건물 외벽에 붙은 포스터로 전한다.

모든 걸 펜으로 기록하는 내게는 이런 베를린의 문화가 몸에 딱 맞는 옷을 입은 것처럼 익숙하고 편안하다.

일정을 정리하는 다이어리 노트와 업무 노트, 이런저런 아이디어를 적어놓는 취재 노트, 책을 읽다 떠오른 단상이나 눈에 들어온 문장을 적는 노트 등 여러 권의 노트를 가지고 다니면 한국에서는 모두가 이상한 듯 쳐다봤다. 디지털 기기 하나로 모든 게 해결되는데 여전히 무거운 노트와 잉크를 넣어 쓰는 펜을 가지고 다니다니.

그렇다, 난 종이를 사랑하고 종이에 집착하는 편이다. 독일에서 이사할 때마다 짐이 이거밖에 안 되냐는 소리를 종종 들었지만, 그나마 많지 않은 내 짐의 절반 이상은 종이였다. 노트가 매년 몇 권씩 쌓였으니 이미 십수 권 있었고, 길거리를 지나다니다 디자인이 맘에 들어 들고 온 종이, 페미니즘 행사를 다니며 모은 그림엽서, 누군가 아무렇게나 써놓은 것인데 필체가 예뻐서 간직한 종이가 잔뜩이었다. 이것은 독일에서 보낸 내 삶의 기록이고, 내가 베를린에서 사는 동안 이 도시에서 벌어진 페미니즘 활동의 기록물이기도 하다.

이런 종이들을 '개인과 관련된 일반 서류'가 아니라 '페미니즘의 역사'로 모으는 공간이 하나 있다. 바로 페미니즘 아카이브인 여성 연구·교육·정보센터(Frauen-forschungs, bildungs und informationszentrum, 이하 FFBIZ)다.

"당신이 참여했던 마지막 연대파티의 포스터, 여러 그룹에서 만든 각종 전단지, 25년 전 스쾃운동을 벌인 친구들과 함께 찍은 사진, 몇 년 동안 모은 페미니즘 행사 스티커나 회의록. 이 모든 것은 당신의 개인 서류가 아니라 페미니스트 역사로 남을 미래 자산입니다. FFBIZ에서는 페미니즘 역사와 관련된 흔적을 저장하고 보존합니다. 우리는 3월 8일 세계 여성의 날부터 임신중지 관련 저항운동, 퀴어 공간 등 모든 페미니즘 주제와 흐름, 관점을 수집합니다. 개인이 소장하고 있는 자료를 FFBIZ로 보내거나 방문해주세요!"

베를린은 독일 여성운동사에서 특별한 도시다. 여성 임파워먼트 프로젝트를 진행하는 '여성센터'(1973년)와 폭력 피해 여성을 위한 '여성의 집'(1976년)이 처음 설립된 곳이다. 매년 다른 도시에서 페미니즘의 다양한 이슈에 대해 배우는 '페미니즘 여름 대학'도 베를린에서 처음 (1976년) 시작됐다. 이처럼 1970년대 초반부터 베를린의 페미니스트들은 여성에 의한, 여성을 위한 '여성공간'을 짓기 시작했고, 덕분에 지금 베를린에는 다양한 여성 전용 공간과 페미니즘 공간이 있다.

1980년 2월, 처음 문을 연
'페미니즘 아카이브'(FFBIZ) 모습.
©FFBIZ

페미니스트들의 말, 글, 목소리를 모읍니다

FFBIZ도 이런 역사의 맥락 위에 있다. 1977년 베를린에서 열린 '여성 콘퍼런스'에서는 그동안 독일 역사에서 여성운동사가 숨겨져왔다는 문제의식이 공유되고, 여성운동과 관련한 자료의 수집과 저장 공간의 중요성이 대두됐다. 이에 여성들은 베를린 최초의 여성 서점인 '라브리스'(Labrys)를 통해 문헌등록협회에 '여성 문헌 아카이브'를 등록했다.

활동가들은 정기적으로 크로이츠베르크에 위치한 '여성센터'에 모여 페미니즘 도서관의 필요성과 건립 방법을 논의했고, 베를린 시의회에 도서관 건립을 위한 예산 책정을 요구했다. 그 성과로 페미니즘 도서관 건립이 1979년 시의회 선거의 주요 공약이 되기도 했다. 그리고 마침내 1980년, 베를린 서쪽에 첫 페미니즘 아카이브 공간이 문을 열었다. 2003년에 프리드리히샤인(Friedrichshain)에 있는 건물로 옮긴 FFBIZ는 베를린 시의회의 예산 지원으로 운영된다.

독일 페미니즘 역사 도서관이나 다름없는 이곳에는 베를린을 중심으로 한 독일 여성운동에 관한 1960년대부터 최근까지의 자료가 망라되어 있다. 사진부터 신문, 잡지, 활동가끼리 주고받은 편지 등이 빼곡하다.

FFBIZ는 일반 도서관같이 이용자가 직접 자료를 찾아볼 수는 없고, 이용 전에 이메일로 언제, 어떤 주제

여러 자료가 보관되어 있는
페미니즘 아카이브의 자료실.
©채혜원

페미니스트들의 말, 글, 목소리를 모읍니다

의 자료를 보고 싶은지 미리 예약을 하면 직원이 1층 자료실에서 자료를 찾아 2층 열람실로 가져다준다. 대출은 불가능하며, 이용자는 열람실에서 자료를 보고 그 자리에서 반납하면 된다. 공식적으로는 월, 수, 목 오후에만 이용할 수 있지만, 자주 들락거리다 보면 직원들이 이 외에 들를 수 있는 날을 귀띔해주기도 한다.

아카이브 공간을 취재하고 있다고 하자, 직원인 다그마어는 흔쾌히 1층 자료실을 보여줬다. 그곳에는 1천여 권의 독일과 다른 나라의 페미니스트 잡지와 정기 간행물, 1960년대부터 활동해온 독일 여성 이니셔티브와 단체에 관한 설명 자료, 다양한 페미니즘 집회 때 인쇄한 포스터와 팸플릿 5천여 장, 언론에 배포한 보도자료 등이 가득했다. 당시 현장을 소리와 영상으로 기록한 오디오 카세트와 비디오테이프를 비롯한 시청각 자료도 눈에 띄었다. 개개인이 기증한 자료가 모여 하나의 도서관을 이룬 모습을 보니, 내 좁은 방에서 먼지를 쓰고 있는 종이들도 이곳에선 역사이자 활동의 증거가 되겠구나 싶었다. 시대와 공간을 초월하는, 서로 겹쳐보고 이어보고 비춰보는 이곳에서 나는 혼자가 아니었다.

FFBIZ는 단순히 여성운동사 관련 자료를 모아놓은 아카이브 공간이 아니다. 여성 활동가 구술 기록과 페미니즘 연구를 지원하며 여성학 네트워크를 조직하고 있다. 2019년에는 지난 50년간 베를린 여성운동사를 다룬 책도 출간했다. 다그마어는 "새로운 여성운동사 자료를 꾸준히 수집해 보관하고 학자, 언론인 등 여성운동사에 관심 있는 이들에게 제공하는 것이 아카이브의 사명이자 과제"라고 말했다.

최근 FFBIZ의 관심사는 상호교차성 페미니즘(intersectional feminism)이다. 유색인종 여성과 이주 여성 단체, 유대인과 이슬람 페미니즘, 퀴어 페미니스트, 트랜스섹슈얼 관련 자료를 집중해 모으고 있다. 그 이유를 묻는 내게 아카이브 직원들은 입을 모아 말했다.

"그간 아카이브를 설립하고 운영해온 여성 상당수가 서독의 백인이었어요. 결코 이들의 관점에 국한해 자료를 수집해오진 않았지만, 이주 여성이나 유색인종 여성 등에 관한 자료를 분석하는 새로운 시각이 필요한 시점이라고 생각해요."

아카이브는 앞으로 동독 여성단체 자료를 포함해 더욱 광범위한 페미니스트 관점과 이슈를 모을 계획이다.

이곳에 오면 베를린에서 내게 가족이나 다름없는 친구,

동료 들을 만난다. 브라질 다큐멘터리 감독이자 Inter-national Women* Space(국제여성공간, IWS) 동료인 데니지는 가장 자주 만나는 친구인데, 오래전부터 FFBIZ를 이용해왔다.

"너도 알다시피 지금 내가 독일 여성운동 흐름에서 이주 여성의 역할을 다루는 새로운 작품을 준비 중이잖아. 페미니즘 아카이브 자료 아니었으면 작품 준비가 어려웠을 거야. 여기서 엄청나게 많은 정보를 얻었거든. 그래서 독일 이주 여성운동을 문서화하고 보관하는 건 새로운 세대를 위해서라도 매우 중요한 일이라고 생각해."

데니지 말대로 내가 일하는 IWS의 주된 활동 중 하나는 여성 역사, 그중에서도 지워지고 억압된 이주 및 난민 여성를 '기록'하는 것이다.

우리가 우리 자신의 역사를 쓰는 데 기여하지 않으면 그 역사는 억압되고 숨겨진다는 것을, 그래서 여성의 경험을 기록하는 일이 얼마나 중요한지 여성들은 잘 알고 있다. '기록'으로 남아 있는 반세기 전 여성들과 그들의 활동을 토대로 새로운 역사를 쓰고 있는 지금의 여성들이 만나는 곳, 페미니즘 아카이브 FFBIZ.

나는 이곳에서 그들을 동시에 기록하기 위해 이렇게 쓴다. 쓰고 또 쓴다.

여성의 몸은
여성의 것!

#낙태죄폐지운동 #임신중지 #독일형법

독일에서 세계 곳곳의 페미니스트들과 연대한 투쟁 중 대부분은 여전히 진행 중이거나 도리어 상황이 악화됐지만, 거의 유일하게 환호를 지른 이슈가 '낙태죄 폐지'다. 2018년 5월, 임신중지를 전면 금지하는 내용을 포함한 헌법 수정안을 국민투표로 폐지시킨 아일랜드가 그 시작이었다.

당시 전 세계에 사는 아일랜드 여성들은 국민투표를 위해 귀국행 비행기에 몸을 실었다. 온라인에서는 '투표하러 집으로'(#HomeToVote) 해시태그운동이 일었고, 부득이한 사정으로 갈 수 없는 여성들은 여행비 마련이 어려운 다른 여성을 위해 항공비를 대신 내겠다고 SNS에 알리기도 했다. 베를린에 사는 아일랜드 동료들

역시 투표를 위해 아일랜드로 떠났다.

유권자의 힘으로 아일랜드의 헌법 수정안 폐지가 결정된 2018년 5월 27일, 베를린에서는 국적을 불문하고 페미니스트들이 모여 축하 파티를 열었다. 파티에는 60대 이상의 여성들이 적잖이 참석했는데, 마치 파티의 드레스코드가 '레드'인 것처럼 대부분 빨간색 옷을 입고 있거나 액세서리를 하나씩 걸치고 있었다. 궁금증에 물었다.

"이 빨간 옷이 상징하는 게 있나요?"

그들은 환하게 웃으며 답했다.

"우리는 영국인인데요. 오래전부터 아일랜드 여성들이 임신중지를 위해 영국을 많이 찾아왔어요. 그중 많은 여성이 여행비와 진료비가 없어서 영국 여성들이 그들의 안전한 임신중지를 지원했죠. 공항에서 만나기로 했는데, 옛날에는 휴대폰이 없으니까 서로를 한눈에 알아볼 수 있게 빨간 옷을 입고 만났었어요. 오늘 아일랜드의 결정을 축하하며 연대의 뜻으로 이렇게 다 같이 빨간 옷을 입었답니다."

아일랜드 다음으로 축하받은 나라는 다름 아닌 대한민국이었다. 2019년 4월, 헌법재판소의 낙태죄 헌법불합치 결정 소식이 베를린에 당도하고, 나는 동료들의 축하를 받았다. 불과 1년 만에 정부가 형법상 낙태죄 조항

을 그대로 두고 여성의 몸을 여전히 통제하겠다는 입법
예고안을 발표할지 까마득히 모른 채로 말이다.◆

　같은 해 10월에는 그간 성폭행, 근친상간으로 인한
임신의 경우에도 임신중지가 불법이었던 북아일랜드 역
시 제한적으로 임신중지를 합법화했다. 같은 시기 아르
헨티나에서도 낙태죄 폐지에 대한 기대가 높아졌다. 중
도좌파 성향의 알베르토 페르난데스 대통령이 선거 공
약으로 내세웠던 낙태 비범죄화 법안 제출을 취임과 함
께 실행에 옮겼고, 아르헨티나 하원은 이를 바로 통과시
켰다. 이후 2020년 12월 29일, 아르헨티나에서는 임신
14주차까지 임신중지를 허용하는 법안이 통과됐다.

ᕯ

독일에서는 여전히 낙태죄 폐지를 위한 투쟁이 이어지
고 있다. 독일에서 백인 중심으로 페미니즘 관련 집회가
열리는 것은 드문 일인데, '형법 218·219조 폐지' 집회는

◆　한국 정부 입법예고안은 유럽 국가의 안 좋은 사례만 모아놓았다.
　　14주 주수 제한(임신주수 계산법에 따르면 마지막 생리 시작일이
　　임신 시작일이라 예를 들어 월경이 1주일 늦어졌을 경우 이미
　　임신주수는 5주가 되어 있다), 정부가 정해놓은 임신중지 사유를
　　충족하는지 따져보는 상담과 숙려 기간 의무화, 건강권을
　　침해하는 의사의 의료거부권 보장 등이 그 예다.

2019년 9월 21일
성적 자기결정권을 위한 행동의 날에
'나의 몸, 나의 선택' 구호를 외치며
베를린 시내를 행진하고 있는 여성들.
ⓒ채혜원

여성의 몸은 여성의 것!

좌파 정치인들과 독일 활동가들이 꾸준히 열고 있다. 특히 매년 9월 21일 '성적 자기결정권을 위한 행동의 날'에는 베를린을 포함한 독일 도시 곳곳에서 '낙태죄 완전 폐지!' 구호가 울려 퍼진다.

독일 형법 218조는 낙태한 자에 대해 벌금 또는 최대 3년 이하의 징역에 처한다고 규정한다. 다만 '국가가 지정한 상담 기관에서 의무 상담을 받은 임신 12주 이내의 여성'이거나 '임신 상태를 지속하는 것이 산모의 육체적·정신적 건강에 위협이 되는 경우', '성폭력으로 인한 임신이 확인된 경우' 등 처벌 예외 조항을 두고 있다.

이런 독일 상황은 제대로 된 상담조차 받을 수 없는 한국에 비하면 마치 임신중지가 합법인 것처럼 느껴질 정도다. 한 친구가 임신중지 결정을 내리고, 베를린시에서 지정한 상담기관에 가 상담을 받은 적이 있는데, 당시 그는 안심한 목소리로 말했다.

"임신중지가 합법이면 이렇게 안전하게 상담을 받을 수 있고 상담기관에서 알려주는 병원에 가서 안전하게 임신중지할 수 있다는 사실에 놀랐어."

난 몇 가지 정보를 수정해주어야 했다.

"독일도 여전히 임신중지가 불법이야. 여성이 임신중지 결정을 내렸는데, 국가가 지정한 기관에 가서 상담을 받아야 하는 강제조항 자체가 문제라는 걸 나도 얼마 전에야 알았어. 상담 받으면서 왜 임신중지 결정을 내렸는지, 성급히 결정 내린 게 아니란 걸 설명해야 하잖아. 우리가 우리 몸에 대해 내린 결정을 왜 국가에 보고하고 설명해야 해? 독일도 갈 길이 멀다고 생각해."

독일 활동가들은 1970년대부터 임신중지를 불법으로 간주하는 '형법 218조 폐지'와 '임신중지 합법화'를 요구해왔다. '성적 자기결정권을 위한 연대' 활동가인 케이트는 "형법 218조가 임신중지에 대한 논의를 금기시하고 여성을 범죄자로 낙인찍는다"고 말한다. 이 조직은 의료 교육과정에 임신중절 수술 포함을 의무화하고, 임신중지를 건강보험이 적용되는 정상적인 의료 절차로 인식하는 게 필요하다고 알리고 있다.

독일 의대생들은 교육과정에 임신중지 관련 교육이 빠져 있는 문제를 해결하기 위해 조직을 만들었다. '성적 자기결정권을 위한 의학생 연대'에서 활동하는 베를린 샤리테 의대생 캐럴라인은 독일 공영방송 도이체벨레와의 인터뷰에서 학교에서 임신중지를 교육하지 않는 문제를 강력히 제기했다.

"교육과정에 임신중지 수술 관련 교육과 훈련이 없어서 외부 세미나를 통해 배우고 있어요. 이대로 간다면 임신중지를 시술하는 의사가 남지 않게 될 거예요."

캐럴라인의 우려는 현실로 나타난다. 연방 통계청

자료를 보면, 올해 초 임신중지 수술을 하는 독일 의료기관은 총 1150곳에 그쳤다. 2003년 약 2050곳이었던 것에 비해 절반 가까이 줄었다. 대도시에 거주하지 않아 병원에서 멀리 떨어져 사는 여성은 임신중지에 관한 정보를 얻거나 시술 상담을 받으려면 수백 킬로미터를 운전해서 찾아가야 하는 실정이다.

이러한 문제는 임신중지와 관련해 접근 가능한 정보를 제한하는 형법 219조에서 비롯된다. 이 조항은 그간 의료진이나 의료기관에서 임신중지에 관한 정보를 제공하는 것을 금지해왔다. 어느 병원에서 수술을 하는지, 수술 과정의 위험성은 무엇인지 등에 대한 내용도 제공할 수 없었다. 2019년 법안이 일부 개정돼 임신중지 수술을 시행하는 의사와 병원은 수술 시행 여부를 공지할 수 있게 됐지만, 여전히 수술 과정과 위험성 등 여성들이 알아야 할 정보를 알리는 건 금지하고 있다.

코로나 팬데믹으로 각 사회의 약한 고리가 드러났고 수없이 끊어졌다. 여성의 몸도 그 약한 고리였다. 많은 임신중지 관련 기관과 병원이 폐쇄됐다. 이런 상황에서 유럽 곳곳에서는 안전한 임신중지를 보장하라는 목소리가 점점 높아지고 있다. 특히 몰타와 함께 유럽에서 가장 엄격한 낙태금지법을 가진 폴란드 헌법재판소가 최근 기형아 낙태를 위헌이라고 결정해, 이를 규탄하는 시위가 유럽 전역으로 번지고 있다.♦♦ 베를린에서도 연이어 집회가 열리고 있으며, International Women* Space(국제여성공간, IWS) 동료들도 폴란드 낙태죄 반대 시위에 참석해 발언했다.

"낙태를 금지해도 여성들이 임신중지를 할 거란 걸 의회는 알고 있습니다. 안전하지 않고 죽을지 모른다 해도요. 그런데 왜 법은 더 보수적으로 바뀌는 걸까요. 우리에게 공포심을 주입하고, 역사를 수십 년 전으로 되돌리기 위해서입니다. 자본주의 가부장제가 여성의 몸을 지배할 수 있다고 믿도록 강요하는 것입니다. 이것은 여성 혐오입니다. 우리는 더 이상

♦♦   현재 28개 유럽연합 회원국 중 25개국은 여성이 합법적으로 임신중지를 할 수 있도록 하는 법을 갖추고 있으며, 임신 초기에 사회경제적 또는 심리적 이유로 인한 고통이 있다면 임신중지를 선택할 수 있다. 요청에 따른 임신중지 허용 기간은 국가별로 조금씩 다르다. 슬로베니아나 크로아티아의 경우에는 마지막 생리 기간부터 10주 이내이며 스웨덴은 임신 18주 이내다. 영국은 산모나 태아가 신체적 또는 정신적 건강에 위험이 있을 경우 임신 24주까지 임신중지를 허용한다. EU 국가의 평균 임신중지 허용 기간은 임신 12주 이내다.

여성의 몸은 여성의 것!

이러한 결정을 받아들이지 않을 겁니다. 전 세계 여성이 폴란드 여성들과 연대해 싸워나갈 것입니다!"

베를린에 사는 동안 '낙태죄 폐지'를 위해 활동하는 여성을 셀 수 없이 많이 만났다. 아일랜드와 북아일랜드, 폴란드와 몰타, 최근 낙태금지법이 다시 시행되고 있는 미국 활동가까지. 이들은 한결같이 말했다. "임신중지가 합법화된 경우에만 여성이 안전하게 임신중지 관련 정보와 시술에 접근할 수 있어요."

국제단체 '마리 스톱스 인터내셔널' 보고서를 보면, 2018년 전 세계에서 이뤄진 임신중절 수술의 절반 정도가 접근 제한으로 안전하지 않게 시행됐다. 이로 인해 매년 약 700만 명의 여성이 치명적 상처를 입고, 2만 2천 명의 여성이 사망한다고 한다. 활동가들의 말대로 임신중지 범죄화는 임신중지를 근절하지 않는다. 여성을 죽일 뿐이다.

독일에서 1970년 초부터 임신중지 합법화를 위해 외친 여성들의 구호가 오늘도 베를린에 울려 퍼진다.

"나의 배는 나의 것이다!"(Mein Bauch gehört mir!)

"내 몸에 대한 결정권은 나에게 있다!"(My Body, My Choice!)

93세 여성과 24세 여성이
맞잡은 손을 기억하다

#전쟁성폭력 #일본군'위안부' #야지디족 #IS

시리아 국경과 이라크 모술 사이에 위치한 신자르산 일대에는 쿠르드족과 가까운 소수민족인 야지디족이 약 50만 명이 모여 살고 있었다. 독자적인 종교와 경전을 가진 야지디족은 수백 년 동안 기독교와 이슬람교로부터 박해를 받아왔으며, 수많은 이가 죽임을 당하거나 개종을 강요받았고, 노예로 끌려가기도 했다.

   2014년 8월 3일, 극단주의 무장세력 이슬람국가(IS)는 야지디족의 거주 지역을 공격했다. 거의 1만 명의 야지디족이 희생됐고, 7천 명이 넘는 여성과 어린이가 납치됐다. 40만 명이 넘는 사람들이 삶의 터전을 잃었고, 여전히 3천여 명은 실종 상태다. 이슬람국가에 포로로 잡힌 여성들은 200유로에서 1500유로(약 30만~200만

원) 사이의 금액으로 거래되었다. 노예가 된 여성들은 매일 학대와 고문에 시달렸고, 어린 소녀들도 무참히 성폭행당했다.

현재 독일에는 8만 5천여 명의 야지디족 생존자들이 살고 있다. 특히 바덴뷔르템베르크 주정부는 2015년 초, 특별 인도주의 프로그램에 따라 야지디족 여성과 어린이 1천여 명이 독일에 머물 수 있도록 했다. 이들 가운데 야지디족 제노사이드(genocide, 종족학살) 생존자 나디아 무라드가 있었다. 그는 전쟁과 무력분쟁에서 여성에 대한 성폭력이 무기로 이용되는 현실을 종식시키기 위해 활동했고, 2018년 노벨 평화상을 수상했다. 독일 사법부는 최근에도 국제법에 따라 야지디족 제노사이드와 관련한 범죄를 기소하기 위해 노력하고 있다.

✤

베를린에도 야지디족 여성들이 살고 있다. 이들의 이야기를 처음 들은 건 독일 시민단체 '코리아협의회'가 이끄는 '일본군 '위안부' 문제 대책 협의회'(AG 'Trostfrauen')에서였다. 베를린에 도착하고 이듬해 겨울, 우연히 일본군 '위안부' 피해 문제를 다루는 국제 행사에서 이 단체를 알게 되어 활동에 동참하게 됐다. 독일에서 한국, 독일, 일본, 콩고 등 다양한 나라에서 온 회원들이 여성 성

폭력 철폐와 전쟁범죄 피해 여성의 인권과 존엄을 회복하기 위해 활동하는 곳이었으니, 함께하는 걸 고민할 필요조차 없었다.

일본군 '위안부' 문제 대책협의회와 야지디족 여성들이 이끄는 여성위원회(Ezidischen Frauenrats e.V.)가 유럽 사회에 던지는 메시지는 같다. 이슬람국가에 의해 야지디족 여성들이 전쟁의 전리품으로 성노예가 되어 납치와 폭력의 대상이 된 것, 그리고 아시아·태평양 전쟁 기간 13개국 20만 명이 넘는 여성이 일본군에 의해 납치되어 성폭력과 살해당한 것은 명백한 '전쟁 성폭력'이자 '페미사이드'(femicide)라는 점이다.

고(故) 김복동 선생님과 길원옥 선생님이 전시 성폭력 재발 방지와 피해자 지원을 위해 만든 '나비기금'도 같은 맥락이다. 2017년 5월, 베를린에도 나비기금이 도착했다. 당시 길원옥 선생님이 독일을 방문해 일본군 '위안부' 문제를 알리는 과정에서 야지디족 여성인 마르와 알 알리코에게 나비기금을 전달했다.

길원옥 선생님과 마르와, 두 여성은 지금도 전쟁터에서 신체적, 성적으로 학대당하는 여성을 돕기 위해 투쟁 중인 서로의 경험을 나눴다. 열세 살 때 일본군에 의해 납치됐던 아흔세 살 길원옥 선생님 이야기와 스물한 살 때 이슬람국가 테러리스트에게 끌려갔던 스물네 살

마르와의 이야기는 슬플 만큼 닮아 있었다.

"오늘 이 뜻깊은 만남에 감사하며, 다시는 이런 일
이 일어나지 않도록 가해자 처벌이 이뤄질 때까지
투쟁을 이어가겠습니다."

마르와의 말처럼 야지디족 여성위원회는 야지디족 제노
사이드와 관련된 가해자 형사 기소, 이슬람국가에 의해
납치된 모든 여성과 아동의 해방 등을 위해 싸우고 있다.
지금도 자행되고 있는 쿠르드족을 포함한 전 세계 제노
사이드와 페미사이드를 멈추라는 메시지와 함께.

이 특별한 만남은 일본군 '위안부' 문제 대책 협의회와 야
지디족 여성위원회의 연대로 이어졌고, 우리는 행동주
간을 만들기로 했다. 2018년 여름, 첫 행동주간을 꾸리
는 기획 회의에는 독일, 스페인, 브라질, 이란 등에서 온
활동가들와 '베를린 국제주의 페미니스트 연합' 멤버들
이 함께했다.
　　우리는 야지디족에게 비극이 일어난 8월 3일부터
일본군 '위안부' 기림일◆인 8월 14일까지를 '전쟁 성폭력
과 페미사이드에 대항하는 행동주간'으로 정했다. 3일과

14일엔 큰 집회를 열고, 주간 내내 다양한 행사를 진행하기로 했다.

처음이어서도 그렇지만 첫해 행동주간이 유난히 기억에 남는다. 12일이라는 주간 내내 다양한 행사를 치를 마땅한 공간을 찾지 못해 전전긍긍하고 있을 때, 여성 전용 카페 '베기네'(BEGiNE)가 흔쾌히 무료로 공간을 내주었다. 덕분에 우리는 여성들만 머무는 공간에서 안전하게 행사를 마칠 수 있었다. 행동주간 프로그램은 매해 조금씩 달라지지만 야지디족 활동가 나디아 무라드의 책 낭독회, 야지디족과 일본군 '위안부' 피해자 관련 전시회, 독일 내 성폭력과 페미사이드 문제 토론회, 브라질 활동가들이 여성폭력 실태를 고발하는 라디오 방송 등의 행사가 열린다.

행동주간에서 가장 중요한 일정은 첫날인 8월 3일과 마지막 날인 14일에 야지디족 여성위원회와 일본군 '위안부' 문제 대책 협의회가 개최하는 집회다.

♦ 세계 일본군 '위안부' 기림일은 1991년 8월 14일 고 김학순 선생님이 일본군 '위안부' 피해 사실을 최초 증언한 날로, 전 세계 생존자들의 증언이 이어지며 일본군 '위안부' 문제가 공동의 의제로 자리 잡게 된 것을 기리기 위해 지정되었다.

매년 8월 3일,
베를린 브란덴부르크 문 앞에서
야지디족 여성들이
페미사이드 문제를 알리는
집회를 연다.

©채혜원

93세 여성과 24세 여성이 맞잡은 손을 기억하다

"우리는 8월 3일부터 14일까지 조직화된 여성살해와 군사적 성폭력의 희생자를 기립니다. 아시아·태평양전쟁의 일본군 '위안부' 피해, 야지디족에 대한 페미사이드는 과거의 문제가 아닙니다. 독일 여성의 40퍼센트가 16세 이후 신체 폭력이나 성폭력을 경험했다는 통계가 이를 뒷받침합니다. 전 세계에 이르는 여성 연대와 자기조직화는 매우 중요하며, 이는 우리에게 자유를 가능케 하는 유일한 방법입니다. 우리는 가부장적 전쟁으로 인해 희생되거나 큰 상처를 안고 살아남은 모든 여성을 존경하는 마음으로 기억하고 싶습니다. 지금처럼 여러 여성이 연대해 다시는 페미사이드가 일어나지 않도록 할 것입니다."

– 행동주간 선언문 중에서

2020년에도 독일 통일의 상징인 베를린 브란덴부르크문 앞에서 8월 3일과 14일, '전쟁 성폭력과 페미사이드 철폐' 구호가 울려 퍼졌다. 야지디족 여성위원회에서 활동 중인 니지안은 "아시아·태평양전쟁 기간과 2014년 8월 3일 이라크에서 발생한 페미사이드는 지금도 전 세계에서 이어지고 있고, 우리는 지금처럼 연대해 여성 폭력과 페미사이드 문제에 계속 대항해나갈 것"이라고 말했다.

매년 8월마다 베를린에 울려 퍼지는 전쟁 성폭력에

대항하는 구호는 멈추지 않을 것이다. 일본 정부의 진심 어린 사죄가 이뤄지고 야지디족 아동과 여성에게 가해졌던 제노사이드와 페미사이드에 대한 가해자 처벌이 이뤄질 때까지, 나아가 모든 전쟁 성폭력이 사라질 때까지. 독일은 1945년 5월 8일을 종전의 날로 기록했지만, 우리에게 이 전쟁은 아직 끝나지 않았다. 공식 사죄와 법적 배상, 전범자 처벌 없이 종전은 없다.

119명,
더 이상 누구도 죽어선 안 된다

#여성살해 #페미사이드 #카이네메어

빌레펠트에 사는 43세의 독일 여성은 전남편에게 오랫동안 모욕을 당하고 신체적 상해를 입어왔다. 전남편의 위협은 끝이 보이지 않았고, 이 여성은 그를 형사고발했다. 지방법원의 접근금지 조치에도 전남편은 그녀를 내버려두지 않았다. 2019년 9월, 출근길에 이 여성은 열차 정류장에서 그에게 부엌칼로 찔렸다. 행인의 도움으로 병원으로 이송됐지만 혼수상태에 빠졌다. 가해자는 살해 의도는 없었다며 범행 동기를 부인했다.

비슷한 시기에 프랑크푸르트에서는 의사로 일하는 32세 여성이 집 앞에서 전 파트너에게 칼로 열여덟 번 찔려 사망하는 사건이 있었다. 전 파트너는 이별을 고한 여성을 지속해서 찾아와 위협하고 학대했음이 드러났다.

피해자가 경찰을 찾아가 접근금지 명령도 신청했지만, 실질적인 보호는 작동하지 않았다.

두 사건 모두 전형적인 페미사이드, 여성 살해다. 당시 프랑크푸르트 사건을 맡았던 줄리아 셰퍼 검사는 독일 언론 도이체벨레와의 인터뷰에서 "남성 파트너에 의한 살해는 갑자기 발생하지 않는다"며 "이는 모욕과 수모, 경제적 압박으로 시작해 수년간 이어진 폭력의 결과다"라고 지적했다. 이런 사건을 접할 때면, 독일 사례인지 한국 사례인지 구분이 되지 않았다. 프랑스, 브라질, 러시아 등에서 벌어지는 페미사이드도 마찬가지다. '여성 살해'는 세계적으로 그 양상이 닮아 있으며, 여성에 대한 폭력과 증오는 국경을 넘어 가득하다.

독일에서는 72시간마다 '여성 살해'가 발생하고 있다.♦ 2019년에는 독일에서 119명의 여성이 살해당했다. 2018년엔 독일의 여성 살해 건수가 유럽연합 국가에서 가장 많았다. 가해자는 현재 파트너이거나 전 파트너다.

♦　프랑스에서도 2019년 발생한 여성 살해만 100건이 넘었다. 프랑스와 독일 정부는 '여성 살해' 대응 계획을 발표했지만 피해자 보호 시설 증대, 긴급전화 지원 확대, 사건 접수 및 처리 간소화 등 행정적 지원에 그쳤다. 한국여성의전화 자료에 따르면, 한국은 1.8일에 한 명의 여성이 남편이나 애인 등 친밀한 관계에 있는 남성에 의해 살해되거나 살해될 위험에 처해 있다.

살인뿐만 아니라 이들에 의해 신체 상해, 성폭력, 스토킹 등의 피해를 당한 독일인은 매해 13만 명에 이른다. 하지만 여성 살해 사건 통계에는 가해자가 기소되었거나 유죄 판결을 받은 사례만 포함돼 실제로 발생하는 페미사이드는 훨씬 많을 것으로 추정된다.♦♦

상황이 심각하지만 독일에서 여성 살해 문제는 제대로 다뤄지지 않는다. 독일 여성변호사협회(Deutscher Juristinnenbund)는 여전히 많은 사람이 '페미사이드'란 용어를 들어본 적 없거나 여성이 납치, 강간, 살해되는 것이 멕시코에서나 일어나는 일로 치부하는 것이 문제라고 지적한다.

독일도 한국과 마찬가지로 가해자에 대한 가벼운 형량이 큰 문제다. 자신을 떠났거나 자신을 떠나고 싶어서 이전 또는 현재 파트너인 여성을 죽이는 사건 상당수가 '살인'이 아니라 '과실치사'로 마무리된다. 살인은 최대 무기징역이지만 과실치사는 최대 10년형에 불과하다. 독일 여성변호사협회의 레오니 슈타인은 "대부분 피해자는 가해자가 결정한 삶에 따라오지 않았다는 이유로 살해당하고 있으며 이는 젠더에 기반을 둔 불평등의

♦♦ 2014년 유럽연합 연구에 따르면, 실제 발생한 가정폭력 사건의 3분의 1만이 경찰에 신고되었다.

결과이고, 이것이 바로 젠더로 인한 죽음인 페미사이드의 정의다"라고 말했다.

독일 법은 범죄에 '악의', '잔혹함' 등의 특징이 보이면 살인 혐의로 기소하는데, 이런 특징 때문에 기소되어 무기징역형을 받는 경우는 가해자가 여성일 때 더 자주 발생한다. 한 변호사는 "'악의'는 약한 사람, 특히 여성이 저지르는 살인의 특징으로 자주 해석된다"며 "자신에게 폭력을 행사한 남편이 잠들었을 때 독을 이용해 살해한 여성은 살인 혐의로 무기징역을 선고받지만, 다툼 중에 여성을 죽인 남자는 평균 5년에서 15년의 징역형을 선고받는다"고 말했다.

가해자에 대한 가벼운 형량만 문제일까. 여성 살해를 '열정의 범죄', '가족 비극'으로 다루는 독일 언론의 보도행태는 한국과 다를 바 없다. 한 예로 2020년 12월, 도르트문트에서 발행되는 일간지 《루어나흐리흐텐》(*Ruhr Nachrichten*)은 아버지가 가족을 살해한 사건을 두고 '가족 비극: 아버지가 부인과 딸을 죽이고 자살하다'라는 헤드라인을 달았다. '여성살해'를 가족이나 연인, 파트너 관계에서 벌어진 비극으로 보도하는 행태는 페미사이드가 사적인 문제로 인식되도록 만든다. 계속해서 가해자에 의해 벌어진 일방적인 범죄가 드라마나 비극으로 다뤄진다면, 대중이 여성살해 사건에 대해 생각하는 방식에 잘못된 영향을 미칠 것이다.

⚭

매년 11월, 베를린에서는 여성 대상 범죄와 차별에 맞서 투쟁하는 여러 집회가 이어진다. 2019년에도 119명의 여성이 살해당한 것을 규탄하는 페미사이드 반대 집회가 열렸다.

집회에 도착했을 때, 독일 여성 그룹 '카이네 메어' (Keine mehr, 더 이상 누구도 죽어선 안 된다) 멤버들이 숫자가 적힌 종이를 참가자들에게 나눠주고 있었다. 종이를 들고 한데 모여 서자, 119가 또렷이 보였다.

'카이네 메어' 멤버인 알렉스가 참가자들 앞에 서서 말하기 시작했다.

"전 세계에서 여성 폭력에 대항하는 집회가 이어지고 있지만 독일에선 활발하지 않습니다. 독일 여성 운동이 거둔 그간의 성과는 분명합니다. 하지만 남녀평등이 실현되었다는 잘못된 인식도 함께 자라 이런 결과를 낳았습니다."

알렉스 말대로 4년 넘게 독일 페미니즘 이슈를 취재하면서 놀란 것은 곳곳에 젠더 불평등 이슈가 있는데도 이를

매해 11월 25일 세계 여성폭력 추방의 날마다
베를린에서 집회가 열린다.
2019년에는 집회 참가자들이 숫자가 적힌 종이를 들고
한 해 동안 독일에서 살해된 여성 119명의 죽음을 알렸다.
ⓒ채혜원

잘 다루지 않는다는 점이었다. 대부분 '독일 정도면 성평등한 국가'라고 믿는 이들을 정말 많이 만났다.

이날 집회에서는 '니 우나 메노스'(Ni Una Menos, 단 한 명도 잃을 수 없다) 베를린 지부에서 활동하는 말렌도 만났다. 라틴아메리카에서 시작된 '니 우나 메노스'는 전 세계에서 페미사이드에 맞서 투쟁하는 가장 대표적인 단체다. 페미사이드라는 단어가 확산되고 여성 살해 문제에 대한 인식이 높아진 건 맞지만 이 이슈를 정치적 의제로 만들려면 갈 길이 멀다는 게 '니 우나 메노스'의 생각이다. 말렌은 내게 "독일에서 페미사이드는 여전히 다른 나라에서나 일어나는 일쯤으로 생각되죠. 독일 내 페미니스트 그룹과 더 연대해서 우리 목소리에 더 힘을 실어나가야 해요"라고 말했다.

매년 11월 25일 '베를린 국제주의 페미니스트 연합'은 '세계 여성 폭력 추방의 날' 집회를 연다. 우리는 이 자리에서 1960년 11월 25일 도미니카공화국의 군부 독재에 맞서 저항운동을 하다 잔인하게 살해당한 미라발 자매의 죽음을 추모한다. 그들의 죽음으로 '세계 여성 폭력 추방의 날'이 만들어졌지만 여전히 여성 살해는 전 세계에서 자행되고 있음을 고발한다.

오늘도 터키 친구로부터 또 한 명의 터키 여성이 살해됐다는 소식을 들었다. 우리는 언제까지 더 이상 누구

도 죽어서는 안 된다고, 단 한 명도 잃을 수 없다고 처절
하게 외쳐야 할까. 그럼에도 우리는 서로의 손을 놓지 않
고 다시 광장에 선다. 지금으로선 상상조차 어려워 아득
하기만 한, 여성 폭력이 사라지는 그날까지.

우리가 점령한 이 집은
이제 우리의 것이다

#스쾃　#건물점거　#여성공간

'이 집은 여성들에게 점령되었다!'(Dieses Haus
wird von FRAUEN besetzt!)
'점거된 집에 대한 철거는 없어야 한다!'(Keine
Räumung der besetzten Häuser!)

1981년 베를린의 동네 크로이츠베르크에서 여성들이
건물점거(Hausbesetzung)운동을 벌이기 시작했다. 크
로이츠베르크는 이주민이 모여 살고 카페와 펍, 작은 상
점이 많으며 반자본주의 저항운동의 중심지다. 당시 베
를린시 당국은 도시개발계획에 따라 이 지역에 철거 방
침을 내렸고 이에 반대하는 주민들의 점거운동이 시작
됐다.

'스쾃'(squatting)이라 불리는 이 운동은 위법 요소
가 있지만, 주민들은 독일 헌법 14조를 근거로 스쾃의 위
법성을 반박했다. 독일 헌법 14조 2항에 따르면, 소유물
은 사용되어야 하며 동시에 모두의 이익에 기여해야 하
는 의무가 있다. 철거 대상 건물에 사는 주민이 주거공간
을 지키기 위해 점거한 경우도 있었지만, 사용되지 않고
버려져 있는 빈 건물을 점거한 사례도 많았다.

  베를린에서 처음으로 여성들의 건물점거 운동이 일
어난 곳은 '헥센하우스'(Hexenhaus)다. '마녀의 집'이라
고 이름 붙인 이 건물을 점령한 여성들은 여성 건축가가
계획하고 여성 거주민이 생활과 일을 결합할 수 있는 페
미니스트 주택을 꿈꿨다. 1981년 당시 스물세 개 주거용
아파트로 구성된 5층 건물은 거의 비어 있었다. 여성들
은 저렴하고 장기적으로 안전한 생활공간을 만드는 것
을 목표로 점거를 이어갔다.

  그 결과 2년 뒤에 여성들은 돈을 모아 비영리협회
'헥센하우스'를 설립하고 건물을 매입할 수 있었다. 점거
초기에 계획했던 여성 전용 아파트이자 여성이 계획하고
운영하는 페미니즘 공간을 만드는 데 성공한 것이다. 난
방 설치 등 건물 수리에 필요한 국가보조금을 받기 위해
헥센하우스 협회는 자조활동을 시작했다. 건물 입구의
가게 공간에 여성 예술가를 위한 스튜디오와 여성 영화

프로젝트 사무실을 꾸리고 게스트룸을 마련했다. 현재 헥센하우스는 6주마다 주민회의를 열고 여성 임차인들이 행정과 관련한 모든 일을 결정한다.

헥센하우스 근처의 '무지개공장'(Regenbogen-fabrik)도 1981년 건물점거 운동 과정에서 생겨난 문화공동체다. 당시 한부모 그룹과 노동자, 활동가들이 베를린시의 재개발 사업에 맞서 빈 공장 터를 점거하고 자조사업을 시작했다. 거주자의 일자리를 창출함과 동시에 가난한 이들을 위한 문화센터를 만드는 것이 목적이었다. 점거 이후 공동체 회원들은 건물주와 장기임대계약을 맺었고, 건물 수리는 베를린시에서 받은 지원금과 공동체 운영 기금으로 진행했다.

무지개공장 회원들은 자체적으로 수익사업을 위해 1989년부터 호스텔 운영을 시작했다. 영화 단체가 입주하면서 영화관도 문을 열었다. 사업을 시작하기 전에는 지역 교회 단체와 대학 학생회의 지원을 받았다. 현재 이곳에는 카페, 어린이집, 목공소, 자전거 수리 공방 등 다양한 공간이 운영 중이다. 여러 공간 덕에 무지개 공장은 영화 상영, 미술 전시, 음악회, 시 낭송회 등 늘 다양한 행사로 북적이는 장소로 자리매김됐다. 무지개공장의 크리스티네 치글러 매니저는 "베를린을 변화시키고자 하는 이들이 모여 건물점거 운동 이후 공동체를 이루게 됐고,

1981년 처음 여성 건물점거 운동이 일어났던
헥센하우스의 현재 모습이며,
23가구로 구성된 건물에는
지금도 여성들이 모여 살고 있다(위).
바로 옆 블록에 있는 무지개공장에는
다양한 사람들이 만들어가는
희망의 의미를 담은 무지개가 그려져 있다(아래).

©채혜원

우리가 점령한 이 집은 이제 우리의 것이다

'모든 걸 함께 한다'는 기조 아래 다양한 공간에서 각자 일을 하며 지내고 있다"며 "무지개는 다양한 사람들이 만들어가는 희망의 의미를 담고 있다"고 말했다.

무지개 공장에서 10분 정도 걸어가면 거주시설을 갖춘 베를린에서 가장 큰 여성센터 '쇼콜라덴공장'(Schokoladenfabrik)에 도착한다. 이곳 역시 다른 여성과 공동체를 이뤄 살고 싶어 하는 1인가구 여성, 한부모 여성, 레즈비언 등이 모여 폐허가 된 공장을 점거하면서 역사가 시작됐다. 2016년 겨울 쇼콜라덴센터를 방문했을 때 공간의 다양성에 놀라 건물을 한참 돌아봤던 기억이 있다. 센터에는 여성이 직접 가구를 만들고 파는 공방과 카페, 동네 여성과 소녀를 위한 상담 및 교육센터, 터키식 여성 전용 사우나와 스포츠클럽까지 있었다. 센터에서 일하는 여성들을 통해 건물 위층으로는 스물두 가구로 이뤄진 여성주택이 있다는 사실도 알 수 있었다.

이 모든 공간 구성은 건물점거 이후 여성지역센터 및 여성주택 건립을 위한 비영리협회와 협동조합이 만들어지면서 가능했다. 지금은 104명의 여성 조합원이 변함없이 센터 곳곳에서 일하고 있으며, 이주자를 비롯한 여성 주민은 언제든 편히 방문해 학습하고 쉴 수 있는 여성 공간을 갖게 됐다.

'헥센하우스'를 비롯해 건물점거로 만들어진 베를

린 페미니즘 공간은 International Women* Space(국제 여성공간, IWS)의 역사와 교차한다. 2012년 난민운동가들이 비어 있던 게르하르트 하웁트만 학교를 점거했을 때 처음으로 '여성공간'이 조직됐다. 그곳에서 초기 멤버들은 2014년 강제퇴거당할 때까지 난민여성을 위한 독일어 수업, 변호사 상담, 페미니즘 학습 등을 진행했다. 퇴거 이후 'IWS'이라는 이름으로 활동을 이어가기 위해 공간이 필요했을 때 쇼코라덴 공장과 무지개 공장 등 페미니즘 조직은 지원과 지지를 아끼지 않았다.

그 도움으로 난민여성 증언집 출간, 국제 심포지엄 개최 등 주요 활동을 이어올 수 있었으며 마침내 2018년 말, 모든 역사가 시작된 헥센하우스에서 불과 세 블록 떨어진 곳에 우리만의 사무실을 갖게 되었다.

IWS 창립멤버 데니지는 스쾃운동에 관해 말했다. "건물점거 운동은 베를린에서 페미니스트 활동가에게 물리적 공간과 활동 기반을 마련하는 기회를 제공했어. 그때부터 여성 활동가들은 정부나 기관에 의존하지 않고 스스로 공간을 지어 그 안에서 함께 살고 일할 수 있는 가능성을 창출해왔지."

베를린 페미니스트들의 점거 투쟁은 여전히 이어진다.

2020년 10월, 동베를린의 대표적인 무정부주의 퀴어 페미니스트 스쾃 건물인 리비히34(Liebig34)에 무장 경찰들이 들이닥쳤다. 수백 명의 시민이 모여 "자본주의 체제에서 아파트는 살기 좋은 주거공간 아니라 집주인이 사람을 갈취하고 이익을 취하는 곳, 언젠가 당신들의 재산은 몰수될 것이다"라고 외치며 연대투쟁을 벌였지만, 결국 1990년부터 이곳을 지켜온 60여 명은 추위와 코로나바이러스 감염의 위험이 있는 거리로 내쫓겼다.

동베를린에서 스쾃 운동이 활발히 일었던 1990년에 시작된 리비히34는 1999년부터 시스맨(cis man)♦을 제외하고 모든 성 정체성을 환영하는 공간'이 되었다. 리비히34는 다양한 배경과 성 정체성을 가지고 전 세계에서 온 여성, 레즈비언, 트렌스젠더, 인터섹스로 구성되어 있다. 2008년에 다른 스쾃 건물과 같이 집을 공동으로 구입하려고 했지만 실패했고, 10년간 임대계약이 협상되었다. 당시 베를린에 최소 2천 개 이상의 주택을 소유하고 기존 거주자를 악랄하게 내쫓는 것으로 잘 알려진 파도비츠 부동산회사가 리비히34 멤버들이 살고 있는 건

♦   시스젠더(Cisgender)는 출생 시 법적 성별과 성 정체성이
     일치하는 사람을 뜻하며 시스맨은 이 두 가지 모두 남성인 이를
     일컫는다.

동베를린의 무정부주의 퀴어 페미니스트 스쾃 건물
'리비히34' 근처에서는 활동가들의
연대 집회와 행진이 이어지고 있다.
강제 퇴거 이후에도 리비히34 거주자들은
건물과 거리, 이웃을 되찾기 위해 지금도 투쟁 중이다.
©채혜원

우리가 점령한 이 집은 이제 우리의 것이다

물을 사들였고, 이번 철거 역시 이들의 소송으로 인해 진행됐다. 이제 이 부동산회사는 베를린의 역사가 깃든 건물을 아파트로 바꾸고 높은 임대료로 임대를 시작할 것으로 보인다.

하지만 베를린 페미니스트와 시민이 자본주의에 맞서는 싸움은 이어지고 있다. '베를린' 하면 많은 이들이 힙스터의 성지, 클럽 메카, 세련된 카페들이 즐비한 도시로 생각하지만, 실제 베를린은 리비히34처럼 자본주의에 반(反)하는 유토피아를 꿈꾸는 이들이 포기하지 않은 도시이기도 하다. 스쾃 투쟁을 벌이고 있는 건물은 점점 줄고 있지만, 스쾃 운동으로 베를린 역사의 한 부분을 만들어온 여성들의 외침은 지금도 거리에 울려 퍼진다.

"우리는 수년 동안 이 집을 위해 싸웠습니다. 리비히34는 우리의 삶이자 집, 피난처이자 유토피아 섬이었습니다. 이제 알몸으로 비어 있는 슬픈 우리집을 바라봅니다. 이곳은 직업이나 재정 상태로 사람을 판단하지 않으며, 어디로 가야 할지 모르는 사람들에게 방을 내어준 연대의 장소이자 일에 지친 사람들이 서로를 도왔던 곳입니다. 무정부주의자, 페미니스트, 퀴어, 파시즘 반대주의자로서 우리는 자본주의 국가와 수많은 기관에 저항합니다. 리비히 34와 같이 소비주의에서 멀리 떨어져 착취와 억압이 없는 사회를 시험해 볼 수 있는 곳이 베를린에 수천 개 존재하기를 요구합니다. 우리는 자본주의자들이 갖고 있지 않은 것, 꿈도 꾸지 못하는 것을 많이 가지고 있습니다. 뜨거운 심장과 중추, 그리고 우리와 연대하는 동지와 친구들이 있습니다. 우리는 이 거리를, 그리고 우리의 이웃을 되찾을 것입니다. 우리의 투쟁은 끝나지 않았습니다."

— 강제퇴거 이후 발표한 리비히34 그룹 성명서 중에서

난민운동의 발자국을
함께 잇는 방법

#난민여성운동　#크로이츠베르크　#난민가이드

2019년 봄, 난민 관련 기사를 검색하다가 크베어슈타트아인(querstadtein)이라는 비영리단체에서 이주·난민 투어 가이드를 모집한다는 공고를 발견했다. 개인의 시선으로 엮은 시티투어를 운영하는 이 조직은 크게 노숙인이 진행하는 투어, 그리고 시리아나 이라크 등을 떠나 베를린에 살고 있는 이주자 가이드 투어를 제공한다. 그런데 가이드 모두 남자인 점이 못내 아쉬웠다.

공고를 보자마자 동료 제니퍼가 떠올랐다. 케냐에서 온 난민 인권운동가이자 International Women*Space(국제여성공간, IWS) 공동 설립자인 그는 독일 전역을 다니며 난민 인권에 대해 발언하고 IWS 역사를 알리고 있다. 사무실에서 제니퍼를 만나자마자 기다렸다는 듯 공고를 보여줬다.

"제니퍼, 이거 봐. 어떤 단체에서 이주·난민 가이드 투어를 운영하는데 여자 가이드가 없어. 난민 관련 투어도 없고. 지금 가이드 모집 중이래. 당연히 네가 해야 하지 않겠어?"

"오! 근데 나 오늘 노트북을 안 가져왔는데. 혜원, 네가 지원서 작업 좀 도와줄래?"

제니퍼와 나는 1시간도 채 걸리지 않아 이력서와 지원서 작성을 끝냈다. 그리고 계절이 한번 지나 뜨거운 여름, 제니퍼의 첫 가이드 투어가 시작됐다. 내겐 익숙한 내용이었지만, 제니퍼의 시선으로 떠나는 베를린 여행이 궁금하기도 했고, 제니퍼의 첫 투어를 바로 곁에서 응원하고 싶어 한걸음에 달려갔다.

제니퍼 투어는 여행자는 물론 베를리너가 사랑해 마지않는 동네 크로이츠베르크(Kreuzberg)에서 진행됐다. 다양한 이민자가 사는 다문화(Multikulti) 동네이자 수많은 비영리단체의 주요 활동지다.

❖

투어의 시작점은 1970년대부터 저항운동의 중심이었던 '오라니엔플라츠'(Oranienplatz).

"강제송환은 살인이다!", "불법인 사람은 없다!" 2012년 겨울, 이 광장에서는 바이에른 지역 뷔르츠부르크(Würzburg)의 한 난민 캠프에서 청년 모하메드가 자살한 사건을 규탄하며 전국에서 모인 난민들이 천막 농성을 벌이고 있었다. 이란의 전직 경찰이었던 모하메드는 국가의 명령을 거부한 뒤 수감돼 고문을 당했다. 그의 여동생이 정치적 망명으로 이미 독일 쾰른에 머물고 있었고, 그도 2011년 독일에서 망명을 신청했다. 하지만 그는 라거라 불리는 난민수용소에서 격리된 채 아무것도 할 수 없었다. 의사들은 그가 육체적, 심리적으로 병들어 있으니 여동생 집에 머무는 것을 긴급하게 권고했지만, 망명 신청자의 이동을 제한하는 '거주 의무'(Residenzpflicht) 규정 때문에 다른 도시로 움직일 수가 없었다.

망명 신청과정은 길게는 몇 년이나 이어지기 때문에 모하메드는 미래를 낙관할 수 없었다. 게다가 망명 신청 과정에 있는 난민은 일하는 게 허용되지 않아 정부에서 매달 주는 200유로(약 28만 원) 남짓의 바우처만으로 생활해야 했다. 독일어 수업도 제대로 제공되지 않아 언어 장벽을 넘을 기회도 없었다. 모하메드는 결국 스스로 생을 마감했다.

그가 세상을 떠나고, 난민들은 바우처를 거부하고 거주 의무와 라거 폐지를 요구하며 단식 투쟁을 시작했다. 난민운동 지지자와 활동가 들은 행진을 기획했다.

크로이츠베르크에서
가이드 투어를 운영하고 있는
제니퍼와 참가자 모습.
©채혜원

2012년 9월, 난민 70여 명이 뷔르츠부르크에서 베를린까지 600킬로미터가 넘는 거리를 행진하기 시작했고, 거치는 지역마다 지지자들이 합류하며 베를린에 도착했을 때 시위대 규모는 6천 명에 달했다.

이들은 오라니엔플라츠에 도착해 천막을 치고 농성에 들어갔다. 처음엔 조용했지만 시간이 지나자 이웃들이 하나둘 모여들었다. 그들은 농성장에 필요한 음식과 옷, 가재도구 등을 기부했고, 천막 안에서 간단한 음식을 먹고 잠을 청할 수 있는 공간이 마련되기 시작했다. 시민들의 따스한 도움에도 한겨울 추위는 견디기 어려웠고, 활동가들은 당시 광장 근처에 비어 있던 게르하르트 하웁트만 학교를 점거해 거주하기 시작했다. 이 학교는 여러 여성과 제니퍼가 IWS의 모태가 된 여성공간을 처음 만든 곳이기도 하다.

제니퍼가 설명했다. "학교를 점령하고 일주일이 지났을 때쯤 여성 활동가들은 2층을 여성 전용 공간으로 사용하겠다고 발표했어요. 여기서 우리는 난민운동 내 여성 난민운동을 조직하고, 다양한 워크숍을 여는 학습공간이자 응급처치 공간으로 만들었습니다."

이 여성공간은 학교에서 난민들이 강제 퇴거당한 2014년 여름까지 지속됐다. 퇴거 이후 여러 여성공간◆의 도움으로 활동을 이어갈 수 있었고, 더 많은 이주·난민

여성이 활동에 동참하게 되면서 지금 내가 일하는 IWS
로 발전했다.

투어의 두 번째 장소는 게르하르트 하웁트만 학교
에서 몇 블록 떨어져 있지 않은 작은 레스토랑 '사하라
임비스'(SAHARA IMBISS)였다. 가볍게 식사할 수 있
는 간이식당을 뜻하는 '임비스'란 단어에서 알 수 있듯
아늑하고 정겨운 가게다. 2010년부터 난민들이 운영해
온 곳으로, 다양한 수단 음식을 즐길 수 있다. 주민들에
게 인기가 많아 이미 베를린에 다섯 곳이나 지점을 냈다.
사하라임비스는 IWS 사무실 바로 옆 블록에 있어 우리
단골 가게이기도 하다. 나는 신선한 샐러드와 닭고기가
홈메이드 땅콩 소스와 어우러진 치킨 샌드위치를 주로
먹고, 비건인 동료들은 병아리콩을 갈아 둥글게 빚어 튀
긴 팔라펠(Falafel)를 즐겨 먹곤 한다.

이어 도착한 곳은 라디오방송국 'We are born free!'.

♦   2014년 학교에서 퇴거 후 IWS는 2019년 2월 사무 공간을
     얻기까지 여러 여성공간의 지원으로 활동을 이어갈 수 있었다.
     대부분 이 책의 스쾃운동 원고에 등장하는 장소다. 문화공동체
     무지개공장(Regenbogenfabrik), 거주 시설을 갖춘 베를린의
     최대 여성센터 '쇼콜라덴공장'(Schokoladenfabrik), 터키 여성을
     위한 지원단체(Treff- und Informationsort für türkische Frauen
     e.V) 등은 IWS가 일할 수 있도록 세미나룸과 워크숍 공간을
     제공했다.

이 라디오방송은 서로에게 힘을 실어주기 위해 난민과 활동가들이 함께 만들었으며, 난민과 여성, 퀴어와 흑인 등 소수자를 위한 플랫폼 역할을 톡톡히 하고 있다. 특히 라거에서 자유롭게 이동하지 못해 정치적, 사회적, 문화적 이슈를 제대로 접할 수 없는 난민들에게 아주 중요한 소통 창구이다.

투어 막바지에 제니퍼가 들른 곳은 베를린에서 가장 중요한 퀴어공간으로 손꼽히는 카페이자 바, 파티 장소인 '쥐트블록'(Südblock)이다. '동성애 혐오, 트랜스 섹슈얼 혐오, 퀴어 혐오 등 혐오 성향을 가진 이들을 제외한 모두를 환영하는 곳'이라고 소개되어 있는 쥐트블록은 정치 토론회, 예술 공연, 드래그쇼(Drag show), 콘서트, 파티 등의 행사로 언제나 시끌벅적하다. 이곳은 베를린 활동가들의 든든한 지원자들이 일하는 공간이기도 하다. 페미니즘 집회 홍보물을 배포할 허브가 필요할 때, 급하게 만나 네트워킹 회의를 해야 할 때, 여성만 참여하는 행사 공간을 마련해야 할 때 쥐트블록은 우리에게 안전한 공간을 내주고 우리의 활동을 응원해준다.

IWS 활동가로 살면서 저널리스트들에게 "베를린 사회운동 이슈나 젠더 이슈를 알려면 어디로 가야 하나요?"란 질문을 자주 받았는데, 그때마다 난 망설임 없이 쥐트블록과 연결된 '아쿠아리움'(Aquarium)을 방문해

보라고 권했다. 제니퍼 역시 이곳을 소개했다. 작은 회의실과 사무실, 200여 명을 수용할 수 있는 행사장으로 구성된 아쿠아리움에서 열리는 행사를 1년쯤 긴 호흡을 갖고 지켜보면, 베를린의 정치·사회 이슈 대부분을 접할 수 있다. 그 정도로 아쿠아리움에선 다종다양한 단체와 개인이 여러 목적을 가지고 행사를 연다. IWS도 직접 펴낸 책 출간 기념 파티나 새로운 집회를 조직하는 큰 회의 등을 열 때 아쿠아리움을 이용했다.

오라니엔플라츠에서 아쿠아리움까지 돌아본 제니퍼 투어는 난민운동의 가부장적 구조에 대항해왔고 지금도 크로이츠베르크 곳곳에서 투쟁을 벌이는 페미니스트들의 이야기로 마무리된다. 폴란드 슈체친 대학에서 난민 관련 박사 논문을 쓰고 있는 아가타는 폴란드와 달리 난민운동이 활발한 독일의 현장을 직접 돌아보고 싶어 가이드 투어에 참여하게 됐다며, "난민 출신 인권·여성운동가인 제니퍼에게 난민 역사를 새롭게 배웠다"고 소감을 밝혔다.

                    °o°

시리아에서 온 라샤도 새로운 가이드 투어를 시작했다. 시리아에서 도시계획기사로 일했던 라샤는 건축과 거리에 담긴 난민과 이주민 이야기를 들려주고 있다.

"혜원, IWS 멤버들 다 같이 라샤가 하는 투어 신청하자. 우리에게도 중요한 시간이 될 거야."

베를린의 여러 건물 사이를 걸으며 보이지 않는 장벽과 그 장벽을 어떻게 극복하고 있는지에 대한 라샤의 이야기를 듣기 위해, 제니퍼와 나는 그의 가이드 투어를 신청하기로 했다. 지금은 코로나19 때문에 중단됐지만, 상황이 나아지면 IWS 동료들과 라샤의 투어에 다시 참여할 수 있으리라 희망해본다.

5년 가까이 살았지만 수많은 이주자와 난민이 살고 있는 베를린의 하루하루는 이렇듯 늘 새롭다. 그래서 여전히 일상이 아닌 여행지 같은 베를린을, 오늘도 걷는다. 제니퍼와 라샤 이야기 외에도 도시 곳곳에 새겨지고 있는 여성 역사를 들으며.

자전거,
난민여성의 해방을 위한 준비

#여성난민 #자전거수업 #고립깨기

케냐에서 온 루시는 International Women* Space(국
제여성공간, IWS)에서 함께 일하는 동료다. 그는 혼자
2019년 7월 독일에 도착했다. 현재 독일 브란덴부르크
주의 도시 아이젠휘텐슈타트(Eisenhüttenstadt)의 난민
임시숙소에서 지낸다. 이곳은 난민이 최초로 망명을 신
청하는 '특정접수센터'다. 체류 허가가 나면 다른 주정부
관련 기관으로 옮기게 되고, 거부당하면 바로 강제추방
당한다. 현재 독일에는 약 40개의 특정접수센터가 운영
되고 있다.

일곱 개의 건물로 나뉜 이 센터에는 루시를 비롯해
난민 약 500명이 머물고 있으며 질환자들은 컨테이너에
격리돼 있다. 이곳은 베를린에서 120킬로미터쯤 떨어져

있어 베를린 시내로 나오려면 2시간 정도 걸린다. 기차를 놓치면 1시간을 기다려야 한다. 기차역에 내려서 숙소로 가려면 다시 버스를 20분 넘게 타야 하고, 버스는 30분 간격으로 운행된다.

　루시와 같은 센터에서 지내는 난민 여성 엘리는 지난 11월 베를린에서 법률 상담을 받고 아이젠휘텐슈타트 기차역에 도착했지만 이미 버스 운행이 끝난 뒤였다. 달리 방법이 없던 엘리는 어두컴컴한 밤거리를 1시간 가까이 추위에 떨며 혼자 걸어야 했다. 베를린 같은 대도시에서도 대부분 가게가 문을 닫는 저녁 7시 이후부터는 거리에 불빛이 없어지고 그나마 거리를 밝히는 가로등마저 어둡다. 숲속 길을 늦은 밤 혼자 걸으며 그가 느꼈을 공포와 두려움은 짐작하기 어렵다.

　다른 도시인 뷘스도르프-발트슈타트(Wünsdorf-Waldstadt)의 특정접수센터 상황도 크게 다르지 않다. 이곳은 베를린에서 약 54킬로미터 떨어져 있어 기차로는 1시간 정도 걸리지만, 기차역에서 센터까지 운행하는 대중교통이 전혀 없다. 이곳에서 지내는 여성들은 매일 기차역에서 숙소까지 약 40분을 걸어야 한다.

　특정접수센터를 비롯해 천막촌, 컨테이너, 공공기관 건물 등 난민이 지내는 숙소인 '라거'는 이처럼 난민을 고립시킨다. 외부인의 방문은 거주자가 초대해야만 가능하며, 방문자의 신분을 확인할 수 있는 서류와 소지품을 철저히 검사하고 통제한다. 라거별로 정해진 시간에만 방문이 가능하다. 알코올이 들어간 음료는 마실 수 없고, 취사 시설이 갖춰져 있지 않은 라거에서는 지급되는 음식으로 끼니를 때운다. 감옥이나 다름없다.

이처럼 독일에 막 도착한 난민 여성은 새로운 생활 환경에 대한 정보를 얻거나 법률·건강 등 필요한 상담을 받을 기회가 없다. 연방정부와 주정부별로 다양한 난민 지원 프로그램을 운영하지만, 정작 정보는 당사자인 난민에게 닿지 않는다. 라거가 지원 기관으로부터 너무나 멀리 떨어져 있기 때문이다. 이런 상황에서 명확한 이유도 모른 채 난민 신청을 거부당하거나 강제송환 위험에 놓인 여성들은 아무런 법적 지원 없이 라거에서 고통스러운 시간을 보낸다.

IWS는 라거로 인한 고립을 깨기 위해 난민 여성 자조 모임인 BIG(Break Isolation Group)을 만들었다. 이 그룹에는 이미 긴 시간 고립된 상황을 겪은 뒤 베를린 시내에 숙소와 일자리를 구해 정착한 난민 여성 활동가와 현재 망명 신청 과정에 있는 난민 여성이 함께한다. 라거에서 지내는 여성이 어떤 고통을 경험하는지 누구보다 잘 알기에, BIG은 난민 신청 과정에서 여성이 겪는 모든 형태의 차별과 억압에 맞서는 활동을 펼치고 있다. 2020년에는 베를린 근교의 라거를 방문해 주정부와 관련 기관에서 제공한 자료를 수집해 배포하고, 다양한 상담을 제공했다.[♦] IWS 사무실에서 주기적으로 운영하는 무료 법률 상담과 독일어 수업 일정에 대해서도 알렸다.

BIG이 지난 11월 아이젠휘텐슈타트를 방문했을 때 IWS을 알게 된 루시는 바로 조직 활동에 합류했다. 당시 IWS 동료들은 가나와 나이지리아, 팔레스타인 등에서 온 20여 명의 여성을 만났다. 대부분 독일에 도착한 지 2주에서 3개월 정도 된 여성들이었다. 라거 투어를 진행하는 동료들은 "만약 우리가 변호사에게 무료로 법률상담을 받거나 독일어 수업을 들을 수 있는 걸 알았다면, 몇 년째 난민 신청이 받아들여지지 않는 상황에 그저 전전긍긍하며 지내지는 않았을 것"이라며 "이제 우리의

♦   BIG 활동은 소셜프로젝트를 펀딩으로 돕는 콰티어마이스터(Quartiermeister e.V.) 단체 지원으로 이뤄진다. 콰티어마이스터는 베를린 크로이츠베르크의 소셜 맥주 브랜드로, 맥주 판매를 통한 수익금을 이웃 사회와 문화 프로젝트 작업을 위해 쓴다. 매년 새로운 펀딩 프로그램을 통해 IWS의 여성난민자조모임을 비롯한 지역 사회를 위한 프로젝트 자금을 지원한다.

경험을 바탕으로 다른 난민 여성을 돕고자 한다"고 말했다.

⸎

베를린 여성 활동가들은 난민 여성이 고립에서 벗어날 수 있도록 '자전거 수업'도 열고 있다. 자전거가 있으면 제한된 이동의 자유를 조금이나마 해결할 수 있기 때문이다. 버스가 운행하지 않는 곳에서 자전거로 이동할 수 있고, 외출 허가를 받아야 하지만 감옥 같은 라거를 잠시나마 벗어나 자전거를 탈 수 있다.

　문제는 아프리카나 중동 지역에서 온 여성들이 고향에서 자전거를 배울 기회가 없어 대부분 자전거를 타지 못한다는 점이다. 비영리단체 바이키지스(BIKEY-GEES e.V.)♦♦는 이 점에 주목해 2015년부터 베를린 시내 중심의 자전거 훈련장에서 매주 이주·난민 여성과 소

♦♦ '모든 여성은 자전거를 탈 수 있어야 하고, 그렇게 할 수 있다'라는 모토를 가진 바이키지스 그룹(BIKEYGEES e.V.)은 베를린에서 여성과 소녀들을 위한 자전거 수업을 제공한다. 2015년부터 여러 기부자와 자원봉사자의 도움으로 운영되고 있다. 중고 자전거와 헬멧, 잠금장치와 수리 장치 등도 시민에게 기부받는다. 이 그룹은 자전거 타기가 신규 이민자와 난민의 개인 이동성과 독립성을 보장하는 기본 요소라 믿는다.

베를린 크로이츠베르크에 위치한 자전거 훈련장에서
자원봉사자로 참여한 여성들이
이주·난민 여성에게 자전거 타는 법을 가르쳐주고 있다.
ⓒ채혜원

녀를 위한 자전거 수업을 무료로 열고 있다. 훈련장에 도착하면 직원들이 자전거 타는 법을 가르쳐주러 온 자원봉사자인지, 아니면 배우러 왔는지를 묻고 스티커에 이름을 적어 옷에 붙여준다. 아무도 출신, 종교, 지위 등을 묻지 않는다. 자전거 타는 법을 가르쳐주는 자원봉사자 두 명과 배우려는 여성 한 명이 2인 1조가 되어 자전거를 탈 뿐이다.

훈련장에 있는 약 50대의 자전거로 수업하고, 안정적으로 타게 된 여성에게는 자전거를 기부한다. 2018년 가을에만 총 570명의 여성이 이곳에서 자전거를 배웠고, 150대의 자전거를 기부받았다. 훈련장에는 실제 도로와 똑같이 신호등, 교통표지판 등이 설치되어 있어 독일 교통체계와 자전거 수리 방법까지 배울 수 있다.

자전거는 남녀를 떠나 독일에서 주요 교통수단이다. 교통비가 비싼 이유도 있고(베를린의 경우 성인 기준 1회 요금이 2.8유로, 한화로 약 4천 원이다), 어렸을 때부터 자전거를 통해 도로 교통에 독립적으로 참여할 수 있게 가르치는 덕분이기도 하다. 보통 초등학교 때부터 자전거를 통한 도로 교통 교육을 시작하며, 4학년 때에는 이론과 실습을 합친 자전거 시험을 본다. 자전거를 통한 교통 교육은 헬멧 착용법부터 악천후에 대비하는 방법, 사각지대의 위험성과 사고 시 기본 응급 처치법 등 다양하게 이뤄진다.

　나 역시 2018년 봄, 바이키지스 훈련장에서 독일 교
통체계를 배웠다. 한국에서 자전거를 자주 탔지만 독일
에 도착한 뒤 1년 넘게 자전거를 타지 못했다. 모든 자전
거가 엄청 빠르게 질주하는 자전거도로에서 일어난 큰
사고를 여러 차례 봤고, 한국과 다른 독일 교통체계를 익
혀 자전거를 타는 게 두려웠다. 하지만 다른 이주 여성들
과 함께 독일 교통체계를 배우고 간단한 수리 기술을 익
히면서 용기를 얻어 비로소 자전거를 다시 탈 수 있게 됐
다. 지금은 왕복 20킬로미터 정도 되는 거리를 자전거로
출퇴근한다.

　바이키지스에서 만난 아프가니스탄 출신 여성 로
키야는 "여성에게 자전거 타는 것이 허용되지 않는 우리
나라와 달리, 독일에선 많은 여성이 자유롭게 자전거를
타 깊은 인상을 받았다"며 "그들을 보며 자전거를 배우
고 싶었고, 이제는 자전거를 탈 때 과거에 몰랐던 해방감
을 느낀다"고 말했다.

゜
◇

오래전부터 자전거는 페미니즘과 인연이 깊었다. 자전거
를 타면서 여성은 이동의 자유를 보장받았고, 코르셋으
로 조여졌던 옷이 자전거를 편하게 탈 수 있는 복장으로

변화하기 시작했다. 1896년 미국의 여성 참정권 운동가 수전 앤서니는 말했다.

"이 세상에서 자전거만큼 여성을 해방시킨 것은 없다고 생각한다. 안장에 앉는 순간, 자전거는 여성을 자립과 독립 그리고 속박되지 않은 세계로 이끌어 준다."

더 많은 여성이 자전거를 통해 고립에서 벗어나 이동의 자유를 누릴 수 있길 바란다. 여성은, 여성이 돕는다.

5톤 트럭
몰 수 있는 사람?

#성인지적　#직업교육　#걸스데이

지난봄 새로운 집회를 조직하는 날이었다. 베를린 국제
주의 페미니스트 연합 회원 30여 명이 모여 집회에 필요
한 역할을 분배하는 중이었다. 회의 진행자가 물었다.

　"자, 올해는 5톤 트럭으로 행진 대열을 만들 거야.
5톤 트럭 운전할 수 있는 사람?"

　다섯 명 정도 여성이 손을 들었다.

　"차량에 사운드 시스템 설치하고 음향 엔지니어링
맡을 수 있는 사람은?"

　이번에도 다섯 명쯤이 손을 든다.

　베를린에서 집회에 참여할 때마다 육중하고 복잡
한 음향 장치를 능숙하게 다루거나 이사할 때나 볼 법
한 트럭을 모는 여성들의 모습이 낯설면서 멋져 보였던

베를린의 한 집회에서
여성이 트럭을 운전하는 모습.
©채혜원

5톤 트럭 몰 수 있는 사람?

기억이 떠올랐다. 같이 일하고 있는 동료들에게 이런 능력이 있다니, 새삼 놀라웠다. 지난겨울 사무실 난방기계가 고장 났을 때는 동료 아네타가 공구함을 가지고 와서 문제 원인을 찾아내더니 뚝딱 고쳤다. 결로 때문에 사무실 입구 쪽에 곰팡이가 폈을 때도 동료 몇 명이 사무실 벽을 살피고 누수 문제인지 꼼꼼하게 확인하고, 나중에다 함께 페인트칠을 했다. 수리가 필요한 일이 생기면 손쉽게 전문가를 불러 서비스를 받는 한국과는 다른 풍경이다.

물론 여기에는 사람이 필요한 모든 일에 큰돈과 긴 기다림이 동반되는 독일의 사정이 깔려 있다. 지난달 나도 세탁기가 망가졌을 때 수리비보다 새로 사는 가격이 더 싸서 세탁기를 그냥 산 적이 있다. 독일이 '수공업', '손기술'의 나라인 점도 한몫을 한다. 주말에 차 주인이 직접 차량을 정비하거나 수리하는 모습을 흔히 볼 수 있다. 새로 구한 집 부엌엔 일반적으로 아무것도 설치되어 있지 않은데, 업체에 맡기기보단 직접 자재를 사서 싱크대부터 주방 가전까지 조립해 넣는 사람이 더 많다.

하지만 단순히 문화 차이 때문만은 아닐 것이다. 여성이 트럭을 몰거나 정비 기술자로 일하는 모습을 볼 때마다

걸스데이 행사 날,
건설회사 취블린(Züblin AG)은
베를린과 슈투트가르트에서
여학생을 대상으로
건설 현장 직업체험 프로그램을 운영한다.

©Bundesweite Koordinierungsstelle Girls'Day

5톤 트럭 몰 수 있는 사람?

한국과는 확실히 다른 직업교육이 뒷받침되어 있음을 느낀다.

2001년부터 매년 4월마다 독일 전역에서 열리는 '걸스데이'(Girls'Day) 행사는 여학생이 전형적인 여성 직업 세계를 뛰어넘어 다양한 직업 체험을 해볼 수 있도록 돕는다. 자연과학, 자동차, 전기, IT 등 여학생이 직접 알아보고 싶은 영역의 기업에 찾아가서 일해보는 날이다. 성 역할에 고정되어 있지 않은 직업을 체험함으로써 여학생은 다양한 직업에 도전할 수 있다는 긍정적인 인식을 갖게 되고, 전문 분야에서 일하고 있는 여성 멘토를 만날 기회도 얻는다.

항공기 정비사로 '걸스데이'에 참가한 15세 율리아도 특별한 하루를 보냈다. "친구들이랑 헬리콥터 작업장에서 항공기 정비공을 체험했어요. 정비하는 과정에만 참여할 줄 알았는데, 헬리콥터 조종사에 관한 설명도 들을 수 있었어요. 헬리콥터 투어도 짧게 했고요. 항공기 관련 일에 관심이 생기는 계기가 되었습니다."

'걸스데이'에는 10세부터 15세 이상 학생들이 참여하는데, 이중 13~15세 참가자가 75퍼센트 정도로 제일 많다. 행사 참가자의 절반 이상이 스스로 정보를 찾아 직업교육을 체험하고 친구나 가족, 선생님을 통해 소개받아 참여하는 경우도 있다.

'걸스데이' 행사는 여러 학교에 변화를 가져왔다는 점에서도 주목할 만하다. 많은 학교가 연중 '걸스데이'와 관련한 수업을 준비하고 있으며, 수업 시간에는 여학생이 성 고정관념에 얽매이지 않고 직업의 방향을 설정할 수 있도록 하는 내용을 다룬다. 무엇보다 여학생이 남자의 영역으로 여겨지는 민트(MINT) 분야, 즉 수학(Mathematik), 정보통신(Informatik), 자연과학(Naturwissenschaft) 공학(Technik) 영역에 관심을 두도록 조치를 취한 학교 비율은 80퍼센트가 넘는 것으로 조사됐다.

주정부별로 살펴보면 니더작센주의 '테크닉 전문학교'에서는 일반 교과과정과 회사에서 인턴처럼 일하는 프라티쿰(Praktikum)◆ 제도가 합쳐져 운영 중이다. 이 학교에서 민트 분야 일자리에 관심 있는 여학생은 일주일에 하루 강의를 듣고, 나머지 4일은 지역 내 기술 및 과학 분야 회사에서 다양한 업무를 접하며 적성을 찾는 기

◆ 인턴십이라 불리는 프라티쿰은 정해진 계약 기간에 회사에서 일하며 실무경험을 쌓는 제도다. 실용적인 지식과 경험을 습득하기 위해 학교에 다니면서 프라티쿰으로 일하는 경우도 있지만, 취업을 목적으로 일하기도 한다. 이 실무 훈련 경험은 대개 입학이나 시험 자격 취득, 취업 등에 요구된다. 최근엔 프라티쿰 이후에도 안정된 일자리를 얻기 어려운 경우가 많아져, 청년들은 스스로를 불안정한 직업 환경에서 무급이나 저임금 일자리를 강요받는 '프라티쿰 세대'라 일컫는다.

회를 갖는다.

노르트라인-베스트팔렌주에서는 1학년부터 13학년 여학생을 대상으로 공학 지원 교육 프로젝트가 3년간 시행됐었다. 학교 교사가 공학 관련 과목으로 새로운 교수 아이디어를 개발해 프로젝트 지원금을 신청하면 수업에 필요한 재료 등을 사는 데 쓸 수 있는 비용을 지원함으로써, 일반 학교를 다니는 여학생들도 민트 분야에 대한 흥미와 잠재력을 발견할 수 있게 했다.

⋄

물론 민트 분야에 더 많은 여성이 일할 수 있도록 노력하는 독일 역시 과제는 남아 있다. 트럭 운전면허가 있는 독일 친구 핀은 나에게 말했다.

"한국과 비교했을 때 트럭 면허가 있거나 공학·기술 분야에 종사하는 여성 비율이 높아 보인다는 건 이해하지만, 독일도 갈 길이 멀어. 최근에 남동생이 배관 정비하는 직업교육을 시작했는데 교육생 중에 여성은 딱 한 명이었대. 내가 얼마 전에 갔던 공학 관련 행사에는 남자가 대부분이었고."

핀의 말은 통계로도 확인된다. 독일 연방고용청 자료를 보면, 2019년 7월을 기준으로 연금·의료 등 사회보험 의무가 있는 수학·정보통신·자연과학·공학 영역 노동자 약 773만 명 중 여성은 15.2퍼센트에 그쳤다. 물론 변화의 바람은 불고 있다. 기술 분야의 여성 전문가 비율은 18퍼센트에 불과하지만, 같은 분야 35살 미만 여성 전문가 비율은 25.9퍼센트다. 수학 및 과학 분야도 전체 여성 전문가 비율(39.1퍼센트)보다 35살 미만 여성 비율이 46.4퍼센트로 높았다. 정부의 적극적인 노력이 조금씩 성과를 내기 시작한 것으로 보인다.

나는 한국에서 나고 자라는 동안 트럭을 몰거나 기계를 직접 수리하는 기술을 배우는 직업교육을 받을 기회가 없었다. 아니, 1990년대에 한국의 일반 학교에는 성 고정관념을 탈피한 직업교육이나 성인지적 직업 체험교육이란 단어조차 없었다.

베를린에서나마 뒤늦게 간단한 수리 기술이라도 배워보고 싶어져 사무실 근처에 있는 여성센터에서 매주 열리는 '수리 카페'(Repair Café)를 방문해봤다. 누구나 부담 없이 고장 난 청소기나 스탠드, 에스프레소 기계, 노트북이나 컴퓨터 등을 들고 와 스스로 고쳐보는 공간이다. 기계나 수리 관련 독일어를 모르니 수업 내용을 잘못 알아들으면 어쩌나 걱정이 앞섰는데, 볕이 좋은 1층 공간에서 피부색도, 연령대도 다양한 여성들이 모여 다과를 나누며 각자 가져온 기계의 사연을 두런두런 나누는 모습을 보니 마음이 놓였다.

나는 딱히 고장 난 물건은 없지만 호기심에 그냥 방문했다고 말하니, 수리 기술을 가르쳐주는 선생님이 내가 타고 온 자전거를 같이 살펴보자고 했다. 워낙 오래돼 손볼 곳이 한두 군데가 아니었지만, 우선 체인에 슨 녹을 자전거 오일로 제거하고 타이어 갈아 끼우는 연습을 해보자고 제안해주셨다. 타이어를 휠에서 빼고, 그 안에 있는 튜브를 점검하는 것 모두 처음 해본 일이었다. 열심히 오일을 뿌리고 타이어를 만지작거리다 나오자 바깥은 이미 깜깜했다. 그날, 오래된 나의 자전거는 첫 수리 카페에 방문한 걸 어떻게 알았는지 집으로 돌아오는 길에 처음으로 체인이 세 번이나 빠지는 불상사가 일어났다.

평상시 같으면 어두운 밤길이니 자전거를 안전한 곳에 묶어두고 다음 날 아침에 오자 생각했을 텐데, 그날은 이상하게 용기가 생겨 시도해보고 싶었다. 밤 10시가 넘었으니 문을 연 곳이라고는 터키 상인들이 운영하는 편의점뿐이라 가게 불빛에 의존해 낑낑거리며 손을 놀렸다. 연식 때문인지 초짜의 손놀림 때문인지 체인은 좀처럼 끼워질 생각이 없었고, 마침 녹 제거를 위해 뿌려놓은 오일 덕에 두 손은 새까매졌다. 연신 시도한 끝에 체인을 맞춰 끼우는 데 성공해 겨우 집에 가나 했는데… 그 뒤

로도 체인은 두 번이나 더 빠졌다. 결국 집에는 자정 넘어 도착했지만, 이제 어떤 수리에도 도전해보자는 의지가 생긴 밤이었다.

최근 한국에서도 '여기공'을 비롯해 여성들을 대상으로 기술 교육을 하는 공간이 여성들로 가득 차고 있다는 반가운 소식을 들었다. 나도 베를린의 여러 여성 공간에서 더욱 적극적으로 새로운 기술을 배워보고 싶어졌다. 결국 나 자신부터 변화를 시작해야 하니까. 급진주의 페미니즘의 구호처럼, 개인적인 것이 정치적이므로.

여성이 자리를 비울 때
세상은 멈출 것이다

#돌봄노동 #여성파업 #동일임금

"간호사는 미디어에서 제대로 다뤄지지 않습니다. 대부분의 사람들은 간호사의 책임 영역이 무엇이며 얼마나 전문적인 역할을 수행하는지 알지 못합니다. 단순히 의사를 도와주는 역할에 그치며, 자기희생의 이미지로 간호사에 대한 편견이 지속되고 있습니다. 나는 간호사의 일을 제대로 알리 위해, 현재 코로나로 인해 간호사를 비롯한 의료인이 겪는 어려움을 전하기 위해 인스타를 시작합니다."

2019년 말부터 오스트리아의 한 간호사가 인스타그램 (@frauschwester_) 계정을 열고 코로나19 발생 이후 병원에서 겪는 어려움에 대해 알리고 있다. 오스트리아 전역에서 간호 인력 부족으로 모든 병원이 어려움을 겪으며 간호사들이 초과근무에 시달린다고 그는 전했다. 보호 장비와 소독제가 배송되는 과정에서 도난을 당해 의료인의 장갑과 마스크 교체 횟수가 줄어드는 일도 발생했다.

어렸을 때부터 간호사를 천직으로 여긴 그는 다른 직업을 고민하지 않고 바로 간호사 직업 훈련을 시작했지만 첫날부터 엄혹한 현실을 마주해야 했다. 일손이 부족한 의료 현장에서 환자 30명을 혼자서 돌보기도 하고, 병실 바닥과 의료 장비, 침대 청소 등 간호 외 업무를 맡기도 했다. 신체접촉을 당하거나 욕설, 성적 모욕을 듣는 것은 일상이고 치매 환자를 돌보던 중 구타를 당해 크게 다치기도 했다. 이런 문제를 병원 쪽에 이야기했지만 변화는 없었다. 아무 일 없었던 것처럼 모든 걸 받아들이고 하루하루 넘쳐나는 일을 해야 했다. 그의 게시글은 간호 업무에 대한 중요성을 인식하고 더 나은 노동조건을 보장해야 한다고 힘주어 이야기하고 있다.

◦◇◦

유럽 역시 한국과 마찬가지로 간호·돌봄 노동자의 대다수가 여성이다. 독일 연방고용청 자료에 따르면, 간호사·간병인의 80퍼센트, 노인 돌봄 종사자의 84퍼센트, 어린

이집에서 일하는 보육교사 중 94퍼센트가 여성이다.

간호·돌봄 영역의 노동 환경 개선은 '여성 파업'(Frauen*streik)의 주된 테마이기도 하다. 세계 여성의 날인 3월 8일, 세계 50여 개국에서 여성들은 오후 3시 24분부터 일터를 떠난다. 남성과 똑같이 일하고도 임금을 적게 받는 '성별 임금 격차'로 인해 여성들이 무보수로 일하는 시간을 기준으로 파업을 벌이는 것이다. 1991년 성별 임금 격차가 18.3퍼센트인 스위스에서 첫번째 여성 파업이 조직됐다. 독일에서는 이날 많은 여성들이 길거리로 나와 '나는 파업 중이다'란 문구를 의자에 붙이고 침묵시위를 한다.

2019년 '여성 파업' 베를린 지부는 간호사, 간병인, 보육교사 등과 함께 간호·돌봄 영역 노동자가 처한 열악한 노동 조건과 저임금 문제에 대해 알렸다. 예를 들어 시위에 함께 참여한 '샤리테 체에프엠'(Charité CFM) 직원들은 베를린 샤리테대학병원의 의료기구 살균, 환자 수송, 병원 소독 및 청소 등 주요 업무를 맡고 있는데도 시급은 11유로(약 1만 4천 원)에 불과했다. 베를린 지부 회원들은 성명서를 내고 "이들은 사회적인 인정과 제대로 된 임금을 받지 못한 채 '선한 일'을 하고 있지만, '선한 일'이라는 인식은 노동자가 먹고사는 데 아무런 도움을 주지 않는다"며 "앞으로 간호·돌봄 노동자에 대한 저임

여성 파업과 관련한 아트워크.
여성들이 앉아있는 의자에
'나는 파업 중'이라고 적혀 있다.
베를린 국제주의 페미니스트 연합 동료인
안나의 작품이다.

©Anna Krenz (Dziewuchy Berlin)

금과 평가절하에 대항해 투쟁해나갈 것"이라고 밝혔다.

⊹

오스트리아의 저널리스트 베아트리스 프라즐은 '코로나 19는 페미니즘 이슈'임을 지적하며 돌봄 노동자의 임금을 높여야 한다고 주장한다. 그는 온라인 매거진 《에디치온 에프》(*EDITION F*)에 이렇게 썼다. "지금처럼 학교와 유치원이 문을 닫으면 책임감을 느껴 일터로 가지 못한 채 아이를 돌보거나 재택근무할 때 보육과 집안일을 담당하는 것은 누구인가. 자가격리 기간 돌봄과 간병 업무를 떠안은 여성이 없다면 우리 사회는 그대로 멈춰버릴 것이다."

프라즐의 기사에 따르면, 오스트리아 역시 독일과 마찬가지로 가정 방문 돌봄 복지사의 92.2퍼센트, 병원과 같은 입원 형태의 돌봄 서비스를 맡고 있는 종사자의 85.8퍼센트가 여성이다. 코로나19로 돌봄과 간호에 대한 사회적 가치가 명확해진 지금, 노동자의 처우 개선이 이뤄져야 한다는 것이 프라즐의 주장이다. '주 35시간 노동 시간 보장, 더 나은 임금 보상, 성별에 치우치지 않은 업무 배분' 등을 구체적인 방안으로 제시했다.

코로나19로 평소보다 뉴스를 더 자주 챙겨 보는데 독일 언론은 한국에 비해 간호·돌봄 인력이 얼마나 중요

2020년 3월 8일 세계 여성의 날,
여성 파업 베를린 지부 회원들이 행진하며
돌봄 영역 노동 개선과
동일노동 동일임금 이슈에 대해 알리고 있다.
ⓒ채혜원

여성이 자리를 비울 때 세상은 멈출 것이다

한가를 지속적으로 다루는 편이다. 한 예로 독일 전역에 봉쇄조치가 시작된 2020년 3월, 독일 공영방송 체트데에프는 코로나 위기 속에서 사회 시스템이 유지되는 데 주요한 직업군에 대한 자료를 발표했다. 예상대로 '의료·간병 인력', '보육교사', '노인 돌봄 인력', '의료 보조원(혈액 검사, 환자 문서 관리, 처방전 발행 등의 업무 수행)', '약사 보조원' 등 대부분 간호·돌봄 영역에서 일하는 이들이었다. 이들이 없었다면 프라즐 기자의 지적대로 우리는 어떻게 이 위기를 극복해나가고 있을까.

간호·돌봄 영역 구조 개선은 '동일노동 동일임금'의 주요 열쇠이기도 하다. 소위 여성 영역으로 여겨지는 산업과 직군의 임금이 낮은 '성별 임금 격차'가 전세계에 존재하기 때문이다.

독일의 성별 임금 격차는 19퍼센트로, 유럽 평균인 16퍼센트보다 높다. 남녀가 똑같이 일하고도 365일 중 약 77일은 여성이 무보수로 일하는 셈이다. 이에 독일은 새해가 시작된 뒤 77일이 지난 시점인 3월 18일을 '동일임금의 날'(Equal Pay Day)로 정하고 관련 영화 상영, 거리 캠페인 등 다양한 행사를 열고 있다. 전문직여성(BPW) 독일연맹*이 2008년부터 이 행사를 개최하고 있으며, 연방 가족·노인·여성·청소년부가 후원한다.

이 밖에도 독일 정부는 간호·돌봄 영역 구조 개혁

을 위해 2020년부터 '돌봄 인력 지원법'(Pflegeberufe-gesetz)을 시행 중이다. 새 법안은 기존에 분리되었던 노인 돌봄과 의료·간호 교육 과정을 통합하고, 근로 여건을 개선하는 내용을 뼈대로 한다. 법 개정에 따라 약 14만 명에 이르는 교육생들은 3년간 교육과정을 이수하며, 등록금을 정부로부터 지원받는다. 연수 기간 중 훈련 수당도 받을 수 있다. 직업교육을 받으면 독일뿐만 아니라 유럽연합 전체에서 자격을 인정받는 것도 특징이다. 이 법안으로 얼마만큼 돌봄 영역 노동자들의 처우가 나아질지는 모르지만, 지속적으로 법안을 개정해 구조를 바꿔나가려는 시도가 어느 때보다 중요해 보인다.

요즘 베를린에서는 시민들이 매일 밤 9시, 테라스로 나오거나 창문을 열고 고생하는 의료·간병인들을 위해 박수와 함께 '고마워요!'(Danke schön!)라고 외치는 감사 인사를 전한다. 시민들이 스스로 방역 주체로서 정부 권

♦   BPW 세계연맹(BPW International)은 1930년에 설립됐으며, 현재 5개 대륙 100여 개 국가에 지부를 두고 있는 비즈니스 및 전문직 여성 네트워크다. 유엔 경제사회이사회, 유럽평의회 등 여러 국제사무소와 협력해 여성의 삶을 변화시키기 위한 활동을 펼치고 있다. 한국연맹은 1968년에 만들어졌다.

고 사항을 지키며 의료인들을 지지할 때, 정부와 의회는 때를 놓치지 말고 시민의 건강과 안전을 위해 의료인 및 간병인이 제대로 된 근로 환경에서 일할 수 있도록 법과 정책을 마련해야 한다. 간호·돌봄 영역의 구조 개혁 없이 '동일노동 동일임금'도 이뤄낼 수 없다. 코로나19가 던진 또 하나의 과제다.

똑같이 일하고 임금 적게 받는
여성에게는 누가 사과합니까?

#동일노동동일임금 #임금격차

"지금 독일의 페미니즘 이슈는 무엇인가요?"

독일 페미니즘 이슈를 취재해 기사와 보고서로 쓰는 일을 하다 보니 여러 사람이 내게 묻는다. 흥미롭게도 외국인보다 독일인에게 더 자주 받는 질문이다. 독일인조차 지속적인 관심을 갖고 관련 활동에 동참하지 않으면 지금 독일 페미니즘 이슈가 뭔지 잘 모르는 경우가 많았다.

독일에 비해 한국은 최근 몇 년 사이 페미니즘 대중화를 이루면서 관련 이슈가 워낙 다양하다 보니 독일 기자들이 직접 연락 오는 경우도 적지 않았다. 특히 탈코르셋 운동에 관심이 많았고, 왜 이런 운동이 일어났는지 취재하고 싶어 하는 기자가 많았다. 직접 한국에 가서 취재하기 전에 한국 여성운동 역사에 대해 듣고 싶다는 독일 기자도 있었다.

위 질문에 대한 답을 하자면, 현재 독일 더 나아가 유럽의 가장 큰 페미니즘 이슈는 '동일노동 동일임금'이다.[♦] 2019년 8월, 독일 언론 《디차이트》(*Die Zeit*)는 직장 내 성차별을 경험한 여성들을 심층 인터뷰한 내용 중 일부를 언론에 공개한 적이 있는데 이는 독일 여성들이 일하는 영역에서 어떤 차별을 겪고 있는지 단적으로 보여준다. 임금과 관련해 직접 차별을 겪은 경우도 있고, 직급이 같아도 성별에 따라 업무 중요도를 달리하는 간접 차별 사례도 있었다.

"내 월급은 남자 동료보다 20퍼센트 적었어요. 이 문제를 해결하려고 동료들을 대상으로 하는 관련 교육 과정도 직접 만들어 부당함을 알렸지만, 경영진은 남녀 임금 격차가 없는 연봉 협상을 거부했어요." (사립학교 교사, 42세)

"9학년일 때 호텔에서 같은 반 친구와 함께 첫 인턴

[♦] 독일에서는 '낙태죄 비범죄화'와 정치 영역 및 기업 내 고위직 여성 비율 증대도 중요한 의제로 다뤄지고 있다.

십을 시작했어요. 내가 화장실과 방을 청소하는 동안, 남자인 그 친구는 사무실 업무와 아침식사 업무를 맡았죠. 나도 다른 업무를 할 수 있는지 물었지만 돌아온 건 질책뿐이었고요. 그래서 이 상황을 부모님과 상의했죠. 부모님이 항의하고야 다른 업무도 같이 맡을 수 있었어요." (여행 산업 분야 인턴, 16세)

독일의 성별 임금 격차는 19퍼센트로, 이는 유럽에서 격차가 꽤 큰 편이다(2019년 기준). 유럽연합 국가의 평균 임금 격차는 15퍼센트이고, 독일은 유럽연합에서 에스토니아(22퍼센트) 다음으로 성별 임금 격차가 큰 국가다. 네덜란드와 덴마크, 아일랜드는 14~15퍼센트로 평균이었고, 이는 크로아티아, 헝가리, 스웨덴의 10~12퍼센트보다 약간 높은 수치다. 성별 임금 격차가 가장 낮은 국가는 룩셈부르크(1퍼센트)와 루마니아(2퍼센트), 이탈리아(4퍼센트)였다.♦♦

독일은 2014년 성별 임금 격차를 22퍼센트를 기록한 이후 매년 조금씩 격차를 줄여오고 있다. 같은 직군과 직급, 같은 노동시간으로 일하는 남녀의 임금을 분석

♦♦ 《도이체벨레》 2020년 12월 8일자.

해보면 그 격차는 6퍼센트로 좁혀졌다.♦♦♦ 독일 내 성별 임금 격차는 여성이 남성에 비해 저임금 직업군에서 일하고, 여전히 육아와 가사노동을 책임지고 있어 파트타임 일자리를 구할 수밖에 없다는 점에서 기인한다고 전문가들은 분석했다. 여성 고위직 비율이 낮은 점 또한 주요한 이유다.

독일의 특징은 동서 격차가 크다는 점이다. 통일 전 동독 지역의 주에서는 성별 임금 격차가 훨씬 낮게 조사됐다. 구동독주인 브란덴부르크, 메클렌부르크-포어포메른주, 작센 및 작센안할트주, 튀링겐주에서 성별 임금 격차는 평균 7퍼센트였다. 여성의 경제활동 참가율이 서독에 비해 훨씬 높았던 문화의 영향력이 지금까지도 지속되고 있는 것으로 보인다.

독일 정부는 이 격차를 줄이기 위해 부족하나마 노력 중이다.

2017년 '임금공개법'으로 불리는 '공정임금법'(En-

♦♦♦ 기관별로 성별임금격차 분석방법은 조금씩 다르며, OECD의 경우 정규직 임금 노동자 중 남녀 간 중위임금 격차 비율을 기준으로 한다.

tgeltransparenzgesetz)을 제정하고, 모든 고용주는 남녀 동일임금 지급 원칙을 지켜야 한다고 규정했다. 특히 200명 이상의 직원을 고용한 경우 직원이 요구하면 동등한 업무를 수행하는 동료의 임금과 자신의 임금을 비교할 수 있도록 정보를 공개해야 한다. 직원 수가 500명이 넘는 사기업 고용주는 동일임금에 관한 내부 현황을 정기적으로 검토해 보고서를 제출해야 한다. 가족이나 부부 사이에도 돈이나 임금에 대한 이야기를 나누지 않는 것이 일반적인 독일에서는 꽤 대담한 조치였다.

하지만 공정임금법 적용 대상이 200명 이상의 기업이라는 점에서 처음부터 비판의 목소리가 높았다. 법 시행 3년이 지금, 법을 지키지 않은 기업에 대한 제재가 엄격하지 않아 효과가 미미하다는 지적이 계속 나오는 실정이다.

실제로 2019년에 한스 뵈클러 재단 부설 경제사회연구원과 베를린 INES 연구소가 20개 이상 기업을 대상으로 공정임금법을 잘 지키고 있는지 조사한 결과, 적극적으로 법을 이행한 곳은 전체 조사 대상의 12퍼센트에 불과했다. 직원이 임금 정보를 공개해달라고 기업에 요청한 비율은 중기업 13퍼센트, 대기업 23퍼센트였다. 더 큰 문제는 남녀 임금 격차가 지적된 경우에도 법에서 제시하는 검토와 개선 절차에 응한 기업이 10퍼센트에 그쳤다.

연구 결과 중 흥미로운 결과는 젊은 직원이 일하는 비율이 높을수록, 직원들이 일하는 것을 즐기는 비율이 높은 회사일수록 동일임금 여부를 확인하거나 회사 구조를 검토하는 빈도수가 높은 것으로 나타난 점이다.

⋄

2019년 독일 '동일임금의 날'인 3월 18일, 특별한 이벤트로 이목을 끈 곳이 있다. 베를린 교통공사(BVG)다. 베를린 교통공사는 단 하루 동안 여성에게만 남녀 임금 격차 비율인 21퍼센트(2018년 기준)가 할인된 금액으로 '1일권 여성 티켓'을 판매했다. 그러면서 '역차별' 감정을 느낄 이들을 위해 친절히 다음과 같은 안내도 덧붙였다.

> "여성 티켓 판매의 목적은 남성에게 차별받는 느낌을 주려는 게 아니라 임금 격차 문제를 인식하자는 데 있습니다. 만약 남성이 차별받는다고 느꼈다면 사과하겠습니다. 하지만 임금을 21퍼센트 적게 받는 여성에게는 누가 사과합니까? 베를린의 남성 시민들은 여성 티켓 판매를 이해하고 지지할 것이라 생각합니다. 연대를 위한 이 작은 행동은 매년 여성이 박탈당하는 소득에 비하면 아무것도 아닙니다."

평소 여성 친화적인 노동환경을 만들기 위해 노력해온 베를린 교통공사는 2003년부터 모든 직군에서 동일임금을 지급하고 있으며, 기술직 및 관리직 여성을 지원하고 출산휴가를 연장할 수 있게 해 일·가정 양립을 위한 정책에도 관심이 많다. 여성 티켓을 판매한 2019년 베를린 교통공사의 대표는 여성이었고, 이후 새로 선출된 대표직 또한 여성이 맡았다.

⚬

동일노동 동일임금을 위해 가장 필요한 건 역시 기업의 변화라는 것을 독일의 공정임금법이 보여주고 있다고 생각한다. 변화를 촉구하는 정부의 노력이 동반되어야 함은 물론이다. 한국에서도 매년 9월 3일을 '양성평등 임금의 날'로 정하고 각종 캠페인을 진행하고 있다. 하지만 34.6퍼센트에 이르는 남녀 임금 격차를 줄이기에 기념일 지정만으론 너무나 부족하다. 독일의 공정임금법보다 더 효과적인 법안과 정책이 나와야 할 때다. 변화에 대한 의지가 있는 정부와 기업, 학계 등 여러 분야의 협력 없이는 한동안 '성별 임금 격차 OECD 국가 1위'라는 오명을 벗기는 어려워 보인다.

남녀평등이 이루어졌다는
착각에서 깨어나기

#여성할당제 #유리천장 #남녀동수

독일로 이주한 뒤 독일어를 공부할 때, 언론 기사를 가장
많이 활용했다. 관심 있는 정치·사회 이슈, 그중에서도
젠더 이슈로 공부할 때 속도가 잘 붙었고 지루하지 않았
다. 한국에서 10년 넘게 젠더 영역에서 일한 경험 덕분인
지 젠더 관련 단어나 문장은 역시 잘 들렸고 잘 읽혔다.

　지난해 여름, 독일의 한 방송사에서 길거리를 지나
가는 시민들을 상대로 설문조사를 벌이는 장면을 봤다.
리포터는 독일 닥스(DAX)에 상장된, 시가총액 기준 상
위 30개 기업 중 여성 이사가 두 명 이상 있을 것 같은 곳
을 골라보라고 했다. 리포터가 들고 있는 카드에는 스포
츠 브랜드 아디다스(Adidas), 자동차제조업체 폴크스
바겐(Volkswagen)과 베엠베(BMW), 제약회사 바이엘

(Bayer), 항공사 루프트한자(Lufthansa) 등이 적혀 있었다.

난 질문부터 좀 이상하다고 생각했다. 얼마나 여성 이사 비율이 낮으면, 오직 두 명을 기준으로 물어보는 걸까. 자동차 기업은 그렇다 치고 루프트한자나 아디다스에는 적어도 여성 이사 두 명쯤은 있겠지 하며 결과를 지켜봤다.

설문에 응한 한 남성은 "독일은 남녀평등 사회이니 대부분 기업에 여성 이사 두 명 정도는 있겠죠"라며 긍정적으로 답했지만, 다른 한 여성은 "아디다스 정도만 있을 것 같네요"라고 답했다. 정답은? 여성 이사가 두 명 이상인 기업은 단 한 곳도 없었다! 독일 기업 이사진은 평균 일곱 명인데 그나마 여성 이사가 한 명이라도 있는 곳은 22곳이었지만, 나머지는 한 명도 없었다.

독일 상장 기업의 이사회는 경영이사회와 감독이사회로 나뉘는데, 2016년부터 '기업 내 여성 고위직 30퍼센트 할당제'가 시행돼 감독이사회의 여성 비율은 대부분 30퍼센트를 넘겼지만, 경영이사회 중 여성은 여전히 찾아보기 힘들다. 기업뿐 아니라 정치, 문화, 미디어 등 거의 모든 사회 영역에서 여성 비율 자체가 낮다. 앞선 설문은 여전히 남성 중심적인 독일 사회 구조의 단면을 보여준다.

설문 결과를 들은 시민들 반응은 성별에 따라 크게 달랐다. 설문에 응하면서부터 기대가 없다는 듯 시큰둥했던 여성들은 '그렇지 뭐' 정도의 반응이었다면, 남성들은 퍽 놀라는 모습이었다.

놀라는 그들의 모습이 내겐 낯설지 않았다. 어디서든 내가 베를린 페미니스트 그룹 활동가로 일하고 있다고 말하면 "베를린에서 여성운동이요? 독일은 남녀가 평등하지 않나요?"라는 질문을 자주 받았다. 그때 내가 여러 통계를 바탕으로 독일 사회가 얼마나 불평등한지 답하면 질문자에게 스치던 그 표정이었다. 일그러지는 그들의 얼굴은 독일과 같이 선진국이라 알려진 나라일수록, '우리 나라 정도면 남녀 평등한 사회'라 여기는 시민(대부분 남성)의 착각이 얼마나 큰지 보여준다.

성평등과 관련해 독일에 관한 보고서나 기사를 쓰다 보면 나 역시 의아해질 때가 많다. 세계경제포럼이 2019년에 발표한 '세계 성 격차 보고서 2020'(Global Gender Gap Report 2020)◆ 결과를 봐도 한국은 108위(총 153국)에 머문 반면 독일은 10위를 기록했다. 독일은 정치뿐만

◆ 세계 성 격차 보고서는 경제 참여와 기회, 교육적 성취, 건강과 생존, 정치적 역량 강화 영역에서 젠더 격차를 수치화해 매년 발표된다.

아니라 비즈니스, 미디어, 문화 등 여러 영역의 리더십 직책에 여성이 많은 나라로 짐작되곤 한다. 더욱이 대표적인 여성 리더로 손꼽히는 앙겔라 메르켈 총리가 이끄는 나라인데, 독일이 여성 리더 부족 문제를 앓고 있다니.

현재 독일 여러 분야에서 리더십 직책에 오른 여성은 3분의 1에 불과하다. 여전히 남성 지배적인 문화가 강하고 여성들은 '유리천장'에 부딪혀 고위 직책으로 올라가지 못하는 일을 자주 겪는다. 독일에서 '여성 할당제'가 활발히 논의되는 이유다.

◦

미투(#MeToo)운동 이후에는 영화와 미디어 분야에서 적극적으로 여성 할당제 도입을 촉구하고 있다. 이 움직임에 앞장선 것은 영화계 인사들로 구성된 '프로 쿠오트 필름'(Pro Quote Film)**이다. 이들은 감독과 연출, 카메

** '프로 쿠오트 필름'은 영화 및 미디어 업계에 종사하는 500명 이상의 여성으로 구성돼 있다. 이들은 공영방송과 영화 기금 관련 기관, 영화학교 등 여러 기관과 위원회 등 영역에 50퍼센트 여성 할당제 도입을 요구하며, 기관별 젠더 모니터링 실시, 업계 동일노동 동일임금 등을 추진하고 있다. 이 조직의 모태인 '프로 쿠오트 감독'(Pro Quote Regie)은 2014년부터 영화 산업 내 여성감독 비율을 높이는 데 일조해왔다. 이제 이 움직임은 영화 및 미디어 전반으로 확대되고 있다.

라, 사운드, 제작, 대본, 디자인 등 모든 영화 제작 분야에 50퍼센트 여성 할당을 요구한다. 독일의 영화 산업 내 성별 불균형 문제는 심각한 상태다. '프로 쿠오트 필름' 자료를 보면, 여성 감독 비율은 21퍼센트, 제작 분야는 14퍼센트, 카메라 촬영 분야는 10퍼센트에 그치고, 사운드 분야의 여성 비율은 4퍼센트에 그쳤다. 영화 각본·시나리오 분야 여성 비율도 23퍼센트밖에 되지 않았다.

독일 영상 매체 전반도 남성이 지배하고 있다. 독일 로스톡 대학 연구팀의 연구 조사 결과에 따르면, TV 프로그램 3천 편과 영화 1천 편을 분석한 결과 독일 TV와 영화 속 주요 캐릭터의 75퍼센트가 남성이었다. 무엇보다 나이에 따른 남녀 격차가 컸는데, 젊은 여성은 같은 또래의 남성 동료보다 TV에서 자주 보이지만 30대 중반부터는 남성 출연 비율이 여성에 비해 두 배로 늘어났다. 50세 이상이 되면 남성 출연 비율은 80퍼센트에 달하며, 여성은 누군가를 속이고 기만하는 아내나 할머니 같은 역할로 제한되었다. 뉴스, 다큐멘터리, 스포츠 같은 프로그램에서도 남성 출연 비율은 약 70퍼센트에 달했고, 퀴즈쇼나 코미디 등과 같은 논픽션 엔터테인먼트에서는 69퍼센트였다.

여성할당제 논의가 가장 활발한 영역은 정치다. 2019년 역사상 처음으로 의회를 남녀 동수로 구성하는

'남녀동등구성법'(Paritätsgesetz)에 대한 논의가 시작됐다. 이 법안에 따르면, 각 정당은 후보자 명단을 남녀 동수로 정해야 한다.

주정부 중에서는 브란덴부르크주와 튀링겐주 의회에서 처음으로 남녀동등구성법을 통과시켰지만 바로 제동이 걸렸다. 극우 정당에서 남녀동등구성법이 남성을 차별한다며 소송을 제기했고, 두 주정부 헌법재판소에서 '남녀 수가 동일하게 목록을 작성하는 데 상당한 어려움이 있을 수 있으며, 유권자의 자유와 평등에 영향을 끼친다'며 모두 위헌 결정을 내린 것이다.

이에 사회민주당, 좌파당 등 의원들은 남녀동등구성법 시행이 실현될 수 있도록 헌법 수정이 가능한지 논의하고, 성평등 보장을 위한 다른 효과적인 조치는 없는지 검토하겠다고 말했다.

상황이 여의치 않지만, 독일 정치권에서 여성 의원 비율을 늘리기 위한 노력은 계속되고 있다. 현재 각 정당에서 자발적으로 운영되는 여성할당제만으로는 문제가 해결되지 않고 있기 때문이다.♦♦♦ 앙겔라 메르켈 총리는 2025년까지 기독민주당의 여성 의원 비율을 50퍼센트까지 올리기 위해 새로운 쿼터제를 시행할 예정이라고 발표했다. 기독민주당 소속 의회 의원과 정부 인사 비율의 최소 30퍼센트를 여성으로 채우고, 점차 늘려가는 것이 그의 목표다.

독일의 여성 할당제에 대해 취재하면서 정부의 의지가 강하다는 것을 느꼈다. 한국과는 다른 점이다. 독일 정부는 민간단체, 연구기관 등과 긴밀하게 협력해 이 사안을 진전시키려고 노력하고 있다. 비록 첫 시도는 헌법재판소 판결로 무산됐지만, 주정부에서 남녀동등구성법 시행을 위한 시도는 계속 이어질 것으로 보인다.

여성 할당제뿐만 아니라 기업 경영진이나 리더 자리에 여성이 진입하는 것을 두고 '어려운 도전'이 아니라 '새로운 가능성을 창출하는 도전'으로 여긴다면, 현실도 바뀔 것이다. 이와 함께 고용되어 일하는 독일 여성(독일 여성 경제활동률은 75퍼센트) 중 가족을 돌봐야 하는 의무 등을 이유로 절반만 풀타임으로 일하는 노동환경이 변

◆◆◆ 독일 연방의회는 2017년 선거에서 여성 당선자 비율이 19년 전보다도 낮은 31퍼센트(총 709석 중 218석)를 기록했다. 정당별 여성 의원 비율을 살펴보면 녹색당과 좌파당이 각각 58퍼센트, 54퍼센트로 높았고, 사회민주당이 42퍼센트로 뒤를 이었다. 기독민주당은 24퍼센트에 그쳤으며, 자유민주당(29퍼센트)과 독일을 위한 대안 정당(13퍼센트)의 여성 의원 비율도 낮게 나타났다. 주정부나 지방자치단체 상황은 더욱 좋지 않다.

한다면 핵심적인 변화가 가능할지도 모른다.♦♦♦♦ 이미 여러 연구를 통해 '성별 다양성'이 기업 성공에 크게 긍정적인 영향을 미친다는 사실은 밝혀졌으니 말이다.

♦♦♦♦ 올브라이트 재단(Allbright Foundation)에서 발간한 2018년 여성 경영진 실태 연구 보고서를 참고했다.

문화계를 바꾸는
확실한 시도들

#MeToo #베를린영화제 #문화계변화

니나 크론예거(Nina Kronjäger)는 독일 영화 및 텔레비전에서 인기 있는 배우 중 한 명이다. 헤센주에서 태어난 그녀는 1990년대부터 연극·영화배우로 일해왔지만, 그 시작이 얼마나 힘들었는지 지금까지 또렷이 기억한다. 처음으로 배역을 맡은 작품에서 극장 감독(연출자)은 그녀에게 신체접촉을 시도했고, 그는 거절했다. 그때부터 감독은 니나에게 부당하게 권력을 휘둘렀다. 감독은 리허설 때마다 그녀를 무대에서 끌어내리며 "무슨 짓을 하는 거냐!"고 소리쳤고, 시사회에서 다른 배우들과 함께 앉아 있지 못하도록 했다.

니나는 감독의 신체접촉을 거부했다는 이유로 다른 차원의 폭력이 행사되고 있음을 분명히 알았다. 그러나 바로 문제제기할 수 없었다. 연극과 영화계에서 여성의 저항은 곧 업계 퇴출을 의미했다. 저항하면 다시는 업계에서 일자리를 얻을 수 없었다. 이 사건 이후로 니나는 배우로 일하면서 여러 번 성폭행을 목격했다고 털어놓았다.

변화는 미투(#MeToo) 운동에서부터 일어났다. 2017년 미국에서 시작된 미투운동은 독일에도 영향을 끼쳤다. 독일 영화계에서는 여배우 등에게 성폭력을 가한 가해자로 지목된 인물은 거장으로 인정받은 남성 감독 디터 베델(Dieter Wedel)뿐이고 조사는 아직도 진행 중이지만, 업계 여성 비율 확대 등 시스템을 바꿔야 한다는 목소리가 커지기 시작했다.

2020년 1월, 독일 헤센주 라디오 방송을 통해 이 모든 이야기를 털어놓은 니나 크론예거는 미투운동 이후 가장 큰 성과 중 하나로 테미스(Themis) 상담센터◆ 설립을 꼽았다. 2018년 10월 설립 이후 이 센터는 캐스팅 과

◆ 열아홉 개의 영화 및 미디어 조직이 만든 테미스 센터는 업계에서 발생한 성폭력 피해자를 위해 법적, 심리적 상담을 제공한다. 연방감독협회, 연방배우협회, 독일필름아카데미 등 여러 협회와 독일 공영방송 체트데에프, 도이치벨레 등 문화 및 미디어 분야 기관에서 지원한다. 이사회는 영화감독과 변호사 등 여성 전문가들로 구성되어 있다.

정에서 차별을 당한 여성부터 현장에서 일하는 사람까지 다양한 이들을 돕고 있다. 니나 크론예거는 "상담 요청 사실이 알려질 경우 일자리를 잃을 수 있다는 두려움 때문에 대부분 피해자가 익명으로 상담한다"고 말했다.

이제는 성차별적인 구조에 대한 문제제기에서 그치는 것이 아니라 시스템 자체를 변화시키기 위해 움직인다. 독일에서 이 움직임을 이끄는 조직은 '프로 쿠오트 필름'(Pro Quote Film)이다. 영화계 여성 인사들은 이 조직을 통해 제작과 카메라, 연출, 사운드, 대본 등 모든 영화 및 미디어 분야에 50퍼센트 여성 할당을 요구해왔다. 최근에는 카메라 뒤에서 일하는 여성 제작진 비율을 높이는 데 집중하고 있다.

2년간 이어온 이들의 활동은 조금씩 성과를 거두고 있다. 독일에서 다양한 TV 시리즈와 영화를 제작하는 스튜디오 함부르크 프로덕션 그룹 내 여성 감독 할당제 50퍼센트 도입을 이끌었고, 독일의 제1공영방송 아에르데로부터 제작영화 여성 감독 비율 40퍼센트 할당을 약속받았다.

베를린국제영화제의 면면도 달라졌다. 2020년 70주년을 맞은 베를린영화제에 분 변화의 바람은 프로그램을 발표하는 첫 번째 기자회견부터 느껴졌다. 오랫동안 남성 1인이 집행위원장을 맡아왔던 것과 달리 올해 처음으로 집행위원장 직책을 남녀 공동으로 꾸렸다.

사실 아쉬웠다. 베를린영화제 측에서는 혁신적인 선택이라며 남녀 공동위원장을 택한 것으로 보였지만, 단독 여성 위원장 결정이 그리도 어려웠을까. 지금까지 늘 남성 위원장 1인 체제로 영화제를 이끌어왔는데, 끝까지 남성 위원장은 버리지 못하겠다는 의지인가. 어찌되었든 여성 공동위원장의 출연 때문인지 베를린 영화제에서 젠더 관련된 변화를 몇 가지 찾아볼 수 있는 한 해였다.

기자회견에서 첫 여성공동위원장을 맡은 마리에테 리센베크 총감독은 "경쟁부문에 오른 열여덟 개 작품 중 여섯 명의 여성이 감독 등 주요 제작진으로 참여했다. … 칸영화제에 비해서는 높은 비율이지만 여전히 영화계에서 남녀 동등한 비율은 찾아보기 어렵다"고 말했다.

'베를린영화제를 위한 완벽한 개막작'이란 평을 받은 영화 〈마이 샐린저 이어〉(My Salinger Year)는 카메라, 편집, 의상, 제작 및 세트 디자인을 모두 여성이 맡았다. 소설을 원작으로 한 이 영화는 작가를 꿈꾸는 한 여성이 작가 에이전시에서 일하며 벌어지는 이야기를 담고 있다. 영국 여배우 헬렌 미렌이 명예황금곰상을 수상한 것도 주목할 만하다. 베를린영화제 쪽은 "평생 공로를 인정해 명예황금곰상을 수여하게 됐다"고 발표하며 헬렌 미렌을 위한 '오마주'라는 특별 섹션을 열고 그의 대표작 ⟨더 퀸⟩(2006)을 비롯해 그가 1989년부터 2019년까지 출연한 영화 다섯 편을 상영했다.

베를린영화제 조직위원회는 2021년부터 남우주연 상과 여우주연상으로 구분해왔던 연기상을 성별 중립적 인 방식으로 바꿔 남녀 구분 없이 주연상과 조연상으로 수여하기로 결정했다. 영화제의 공동위원장은 보도자료 를 통해 "연기 부문에서 성별에 따라 상을 분리하지 않 게 된 것은 영화산업에서 성인지 인식을 드러낸 신호라 고 생각한다"고 발표했지만 오히려 성별 불균형이 더 심 해질 것이라는 우려도 크다. 나 역시 이 결정은 성인지적 감수성이 반영됐다기보다, 결국 남성 배우에게 더 많은 수상을 안겨주는 결과로 이어질 것이라 예측한다.

2010년부터 베를린영화제에서 일하고 있는 재독 교 포 1.5세 신효진 씨는 미투운동 이후 남성 지배적이던 영 화제의 변화를 체감한다고 전했다. 여성 감독 작품을 주 제로 여성 제작진과 여성 사회자가 대담을 나누는 모습 을 지켜보며 동료들이 "패널을 모두 여성으로 구성한 게 신선하다"고 말할 정도였다. 그는 "2020년에는 파노라 마, 경쟁 부문 등 영화 섹션별 책임자가 대부분 여성이라 는 점이 눈에 띈다"며 "분야별 여성 심사위원 등 영화제 를 만들어가는 여성 비율이 높아지는 걸 보면서 영화제가 크게 변하고 있음을 느낀다"고 말했다.

✿

무엇보다 2020년 겨울 베를린영화제 현장에서 다양한 성평등 관련 행사를 만날 수 있어 반가웠다. 2019년의 경우 여성 감독 작품 회고전과 같이 성평등 관련 행사가 한두 가지에 그쳤다면, 2020년에는 더 풍성하게 마련됐다. 개막식 이후 영화제에서는 여성과 영성, 식민지 등을 주제로 한 브라질 여성 감독의 비디오 아카이브 전시, 노르웨이 필름연구소가 주최한 다양성 추구 토론회, 독일 가족·노인·여성·청소년부 후원으로 열린 영화산업의 남녀평등과 다양성에 대한 전문가 회의 등 여러 행사가 이어졌다.

특히 영화 및 텔레비전, 미디어 산업에서 일하는 여성들이 활발히 네트워크를 맺기 시작한 것이 특징이다. 2020년 2월 21일에는 '국제 영화 및 텔레비전 여성 네트워크', '남아프리카 영화 및 티브이 자매연대', '스위스 여성 시청각 네트워크' 등 전 세계에서 모여든 관련 업계 관계자들이 국제 원탁회의를 열어 산업 내 여성 비율을 높일 방안을 논의했다.

행사장에서 만난 '유럽 영화계 여성 네트워크'(EWA Network)♦♦의 알레시아 소날리오니 이사는 "2011년 처음 베를린영화제에 참석했을 때 온통 남성뿐인 현장을 보고 충격을 받았다"고 말했다. 영화제에 참여하는 여성 비율 증가가 성평등을 의미하는 지표는 아니지만, 남성들의 축제나 다름없었던 베를린영화제가 변화하는 것은 분명하다. 그리고 카메라 앞과 뒤에서 일하는 여성들이 꾀하고 있는 더 큰 구조 변화는 이제 베를린을 넘어 프랑스 칸, 이탈리아 베네치아 등 다른 국제영화제로 이어질 것이다.

영화제에서 만난 수많은 업계 여성들이 전하는 메시지는 결국 하나였다. "문화계는 변화를 원한다!"(Kultur will Wandel!)

♦♦ EUROPEAN WOMEN'S AUDIOVISUAL NETWORK. 2013년부터 멘토링, 레지던시, 워크숍 등을 통해 유럽 영화 산업에서 일하는 여성을 지원하는 네트워크. 이 조직에 따르면 유럽영화학교 졸업생 비율 중 여성은 44퍼센트이지만, 공공 펀드 기금을 지원받아 활동하는 여성 감독 비율은 16퍼센트에 그친다. 이들은 여성 전문가 연대를 통해 유럽 영화 산업 내 성평등 조치 마련을 위해 일한다.

성매매가 합법인 나라,
독일의 두 여성 이야기◆

#성매매합법화 #성노동자

율리아는 20대 초반에 성매매 일을 시작했다. 루마니아
에서 살았던 그는 10대 때 두 아이를 낳으면서 학교를 그
만두었고, 할 수 있는 일이 많지 않았다. 어렵사리 시작
한 일은 짐작보다 훨씬 고되고 힘들었다. 독일 성매매 업
소와 마사지숍 등에서 일하면 루마니아에서보다 돈을
더 많이 벌 수 있을 거란 기대로 그는 독일로 왔다. 하루
에 열 명 남짓의 성구매 남성을 상대해야 했고, 거의 매

◆ 이 원고는 저자가 직접 취재한 내용과 함께 소니아 로시의 책
Fucking Berlin, 독일 언론 《디벨트》, "Die Geständnisse einer
studierenden Teilzeithure"(2008.8.18) 및 도이치벨레, "Inside
the 'battery cage': Prostitution in Germany"(2018.6.22) 기사를
재구성하여 썼다.

일 새벽 3시까지 일했다.

　　업소에 고용된 상태였지만 일하는 공간에 대한 임대료를 '성노동자'에게 부과했다. 임대료는 하루(!) 130유로(약 18만 원)였다. 매달 4,000유로(약 535만 원)를 손에 쥐어보지도 못하고 내야 했다. 율리아는 쉬지 않고 일해도 생활하기에 충분한 돈을 벌 수 없다는 걱정에 늘 시달렸다. 성매매 업소는 날이 갈수록 많아져 경쟁이 심해졌고, 이에 따라 일하는 사람이 버는 돈이 자연스레 줄었다. 30유로(약 4만 원) 정도만 지불하는 성구매 남성이 늘었다. 정상적이지 않은 특이한 요구를 들어주고, 술과 마약을 함께하며 오랜 시간을 보내면 남성들은 더 많은 돈을 지불했지만 율리아는 이에 응하지 않았다. 몸이 아플 때도 있고, 일하기 어려운 날도 있었지만 율리아는 방 임대료를 내고 남은 돈으로 생활해야 했다.

　　"일하면서 돈을 제일 많이 벌어본 게 얼마 전이었어요. 한 남성이 1시간에 100유로(약 13만 원)를 지불했거든요. 잊지 못할 하루였어요."

　　그래도 율리아는 다른 루마니아 여성들에 비하면 나은 환경에서 일하는 축에 속했다. 대부분의 루마니아 여성은 포주를 통해 성매매 업소에서 일하기 때문에 폭력과 착취에 시달렸다. 율리아에게도 '보호자'가 되어주겠다며 접근한 이들이 많았지만 율리아는 계속 혼자 일하며 스스로 자신을 지켰다. '보호자'를 사칭한 포주들이 실은 거의 모든 걸 착취해간다는 것을 그는 잘 알고 있었다.

그렇다고 율리아의 상황이 나아지진 않았다. 아무리 일해도 자신과 두 아들을 위해 챙길 수 있는 돈이 터무니없이 적었다. 더욱이 몇 달 전부터는 공황발작이 시작돼 하루도 빠짐없이 약을 먹고 있다.[♦♦] 율리아는 2018년 봄, 낮과 밤이 바뀐 일상, 강요된 미소와 거짓된 쾌락 연기로 가득 찬 성노동자 일을 그만두기로 했다. 길거리에서 시작해 독일과 스위스, 프랑스 성매매 업소와 술집에서 10년간 이어온 삶에 마침표를 찍은 것이다.

일을 그만두고 율리아는 먼저 슈투트가르트에 있는 상담센터를 찾았다. 가지고 있던 속옷과 하이힐 등을 전부 버리고 실용적인 옷을 샀으며, 청소회사에 임시직으로 취업했다. 율리아는 청소 일을 하면서 독일어를 배우고 노인 돌봄 직업 훈련을 받아서 다른 일에 도전해보려 한다. 무엇보다 두 자녀, 그리고 그들을 돌보고 있는

♦♦　여성을 상품화하는 성노동과 성매매 산업을 반대하는 탈성매매 지원 단체 '시스터스'(SISTERS E.V)에서 25년간 일한 자비네는 독일 매체 도이치벨레(DW)와의 인터뷰에서 성매매 업소에서 일하는 많은 여성이 공황 장애와 우울증 불면증 등에 시달린다고 말했다.

자신의 어머니와 함께 살날을 간절히 기다리고 있다.

○⋄

소니아 로시는 이탈리아 시칠리아의 작은 섬에서 수학을 공부하기 위해 2001년 여름, 독일 베를린에 도착했다. 학교를 다니면서 레스토랑 서빙, 학교 행정 아르바이트 등을 했지만 월세를 비롯한 생활비를 감당하기는 어려웠다. 그때부터 소니아는 폴란드인 파트너가 있는 대학생 '소니아'와 돈을 벌기 위해 포르노 채팅방에서 옷을 벗고 연기하는 여성 '낸시'로 자신을 나눠 살기 시작했다.

온라인 채팅으로 시작해 소니아는 베를린의 한 마사지숍에서 일하게 된다. 그곳에서 소니아는 온갖 역겨운 요구를 하는 성구매 남성을 상대해야 했고, 동시에 자신을 힘들게 하지 않는 남성도 만났다. 무엇보다 소니아는 그곳에서 가족과 같은 여성들을 만났다. 강제 성매매로 3년간 착취당하다가 총격 사건으로 포주가 죽어 이전보다는 자유롭게 일하게 된 에스토니아 여성 베라, 아이를 혼자 키워야 하는데 일자리 구하기가 막막해져 동유럽에서 독일로 온 다샤가 그랬다. 이들은 매일 같은 공간에서 음식을 해 나눠 먹고 시간을 같이 보내며 서로 의지했다.

월세를 내고 생활비가 좀 남으면 소니아는 며칠 혹

은 몇 주만이라도 일하지 않고 공부에 집중했다. 아침 일찍 일어나 학교에 갔다. 하지만 이내 지갑은 비어버렸고, 다시 일해야 하는 상황은 언제나 예상보다 빨리 찾아왔다. 그렇게 그는 낮엔 학교에서 공부를 하고, 밤엔 마사지숍에서 일하는 일상을 이어갔다.

2002년 성매매 합법화 이후 업소가 우후죽순 생기면서 경쟁이 치열해져 베를린에서 일하는 게 어려워졌을 땐 스위스에 있는 업소에 2주간 머물며 일하기도 했다. 돈은 더 벌 수 있었지만 감옥 같이 갇혀 생활해야 하는 그곳에 소니아는 몇 번 더 가지 않았다. 같이 지내던 폴란드 파트너와 결혼식도 올렸지만, 임신하고 아이를 함께 키우다 소니아는 그를 떠난다.

스물다섯 살이 되던 해, 소니아는 이 일을 그만두고 대학을 졸업해 IT 프로그래머가 되었다. 그리고 자신이 성노동자로 살았던 5년의 이야기를 기록한 책 《퍼킹 베를린》(*Fucking Berlin*, 2008)을 출간했고, 이어 《데이팅 베를린》(*Dating Berlin*, 2010)도 펴냈다. 아들과 함께 지금도 베를린에서 살고 있다.

⚬□
◇

독일은 2002년에 별다른 제재 조치 없이 성매매를 합법화했고, 성산업 종사자를 '성노동자'로 인정하기 시

소니아 로시는 성노동자로 살았던
5년간의 시간을 기록한 책
«퍼킹 베를린»을 2008년 출간했고,
이어 «데이팅 베를린»도 펴냈다.

성매매가 합법인 나라, 독일의 두 여성 이야기

작했다. 이후 독일 성매매 업소는 눈에 띄게 증가했고 인신매매와 폭력 등의 문제가 끝없이 불거져왔다. 독일 정부는 2017년이 돼서야 '성매매종사자보호법'(Prostituiertenschutzgesetz)을 마련한다. 당시 여성부 장관이 지금 "독일에서는 성매매 업소를 여는 것보다 감자튀김 등을 파는 가게 여는 일이 더 어려운 지경"이라고 말할 정도로, 성매매 업소에 대한 규제가 기타 상업시설에 부과되는 의무에 비해 전무한 실정이었다.

'성매매종사자보호법'에 따라 독일에서는 전과 기록이 있는 사람은 성매매 업소를 운영할 수 없고, 안전과 위생 등에 대한 보호 기준을 준수해야 한다. 콘돔사용 의무, 노동자가 일하는 모든 공간에 응급 전화 설치, 업소에 관련된 광고 규제 조항 등이 생겼다. 특히 이 법에 따라 성노동자는 각 지역 당국에 정기적으로 등록하고 개별 상담을 받도록 했다.

성노동자의 사회적, 법적 상황을 개선하기 위한 법이지만 소수만이 이를 따르고 있다. 여전히 강제 성매매가 많아 불법으로 일하는 노동자가 많고 사회적 낙인으로 인해 스스로 성노동자임을 문서로 남기려는 이가 별로 없기 때문이다. 독일 언론 《디벨트》에 따르면, 성노동자로 일하는 여성 약 20만 명◆◆◆ 중 2018년에는 76명만이 등록했다.

독일에서 일하는 성노동자 대부분은 동유럽 출신이며, 유럽연합에서 가장 가난한 나라인 루마니아와 불가리아 출신이 많다. 이외에 나이지리아 출신도 많은 것으로 조사됐다.

현재는 코로나 팬데믹으로 인해 성매매 업소 대부분이 문을 닫았다. 독일 의회에서는 이 시기를 이용해 성노동자들이 다른 직업 훈련을 받아 안전한 직장에서 일할 수 있도록 지원하자는 목소리가 나온다. 특히 동유럽 출신 노동자들에게 언어 수업을 제공하는 것이 먼저라고 입을 모은다. 이와 함께 성노동자를 제외한 성구매자만 처벌하는 북유럽 모델을 채택하자는 논의도 진행 중이다.

누군가가 내게 성매매가 합법화된 독일이 성매매가 법적으로 금지된 국가와 어떤 점이 다르냐고 묻는다면, 난 그저 율리아와 소니아의 이야기를 들려주려 한다. 성매매 합법화가 되면 성구매가 감소할 것이라고, 성노동자

◆◆◆ 독일에 공식적으로 등록된 성노동자는 대략 3만 3천 명이다. 하지만 정부와 관련 단체는 실제 성노동자 수가 40만 명에 이를 것으로 추정하고 있다.

가 보다 안전한 환경에서 일할 수 있으리라고 짐작하는 이들에게 실제 성매매가 합법인 나라가 어떠한지 있는 그대로 전해주겠다. 독일에서 성노동자들은 이렇게 산다고, 이게 성매매 합법국의 모습이라고.

유쾌하게 웃으며
극우에 맞서는 할머니들

#오마스 #진보할머니 #독일여성운동

International Women* Space(국제여성공간, IWS)에서 나의 주된 업무가 '기록'이다 보니, 베를린의 다양한 진보 단체가 조직하는 여러 집회에 자주 참석한다.

'극우에 맞서는 할머니들'(Omas gegen Rechts, 이하 '오마스')이라고 적힌 피켓을 처음 발견한 건 2018년 5월 나치 반대 집회에서였다. 당시 극우주의자들이 조직한 집회에 5천 명이 모였고, 그들의 다섯 배 규모인 2만 5천여명의 시민이 극우세력에 대항하기 위해 맞불 시위를 열었다. 당시 베를린의 큰 클럽과 극장, 예술단체 등이 시위를 주도한 덕에 거리는 음악과 춤으로 가득 찼고 나치에 맞서 목소리를 높일 수 있었다.

그 이후로 독일 할레(Halle)에서 벌어진 극우주의

'극우에 맞서는 할머니들' 그룹은
2017년 11월 오스트리아에서 처음 결성됐으며
현재 오스트리아와 독일 전역에서
3천여 명 회원이 활동하고 있다.

©오마스 오스트리아 지부 https://omasgegenrechts.at/

유쾌하게 웃으며 극우에 맞서는 할머니들

자의 유대교회당 테러(2019년 10월) 규탄 시위, 하나우(Hanau)에서 극우주의자에 의해 벌어진 총기 난사 테러(2020년 2월) 규탄 집회, 2020년 5월 8일 종전기념일에 맞춰 도시 곳곳에서 열린 '파시즘 해방의 날' 집회에도 오마스 그룹이 함께했다. 세계 여성의 날이나 임신중단을 불법으로 간주하는 형법 '218조 폐지' 촉구 시위 등 페미니즘 이슈에 관한 집회에도 오마스 회원들은 피켓을 들고 등장했다. 인종차별과 성차별, 신자유주의, 파시즘 등에 맞서 투쟁하는 베를린 시위 현장에 그들은 늘 함께 있었다.

"우리는 민주주의를 믿습니다. 우리의 육체는 늙었으나 영혼과 정신은 젊습니다. 우리는 사회가 잘못된 방향으로 나아가는 것을 막기 위한 여러 경험을 가지고 있습니다. 우리는 부모 세대로부터 전쟁과 독재 체제에서 사는 것이 무엇을 의미하는지를 배웠습니다. 그러한 비극이 다시는 일어나지 않도록 결의를 다졌습니다. 우리 중 많은 이들이 어린 시절부터 불의와 차별에 맞서왔고, 지금 우리는 풍족하고 살기 좋은 나라에서 살고 있습니다. 그래서 우리는 다시 일어서려 합니다. 우리는 불의와 차별로 나라가 망가지는 것을 원치 않습니다. 우리는 우리의

아이들과 그 다음 세대 그리고 모두를 위해 투쟁할
것입니다."
– '오마스' 선언문 중에서

오마스 활동은 2017년 11월, 오스트리아에서 시작됐다.
모니카 잘처(72)가 페이스북에 그룹 계정을 만들면서 빠
른 속도로 회원들이 생겨났고, 이후 민주주의를 외치는
현장이나 집회에 '극우에 맞서는 할머니들' 피켓이 등장
했다. 이후 2018년 1월부터는 베를린, 함부르크, 브레멘
과 보훔, 뮌헨 등 독일 전역에서 100개가 넘는 '오마스' 그
룹이 생겨났다. 현재는 오스트리아와 독일에 총 3천여
명의 회원이 연대하며 활동 중이다.♦

50대에서 80대까지 다양한 연령대의 활동가로 구
성된 오마스 그룹은 대부분 나치의 국가사회주의나 전
쟁의 참혹함을 경험한 세대다. 그리고 이들은 파시즘이
여전히 독일 사회가 당면한 주요 과제라고 말한다. 몇년

♦   오스트리아와 독일 전역에서 활동 중인 오마스 그룹은
도시별로 다양한 활동을 펼치고 있고, 그 활동상은
홈페이지(https//omasgegenrechts.at)와 페이스북 페이지(https://
www.facebook.com/OMASGEGENRECHTS.SEITE)를 통해
볼 수 있다. 함께 활동하고 싶은 이는 도시별 모임을 찾아가면
되는데, 베를린의 경우 카페 마다메(Café MadaMe)에서
정기적으로 모인다. 한국에도 역사의 산증인으로 민주주의를
위한 길에 함께 할 '오마스 한국지부'가 생기길 바라며!

유쾌하게 웃으며 극우에 맞서는 할머니들

사이 독일에서는 극우세력에 의한 테러가 계속 이어지고 있고, 정치권에서도 이들은 영역을 확장하고 있다. 독일 연방 내무부 발표 자료에 따르면, 2019년 우익세력에 의해 발생한 범죄 건수는 총 2만 2342건으로 전해에 비해 9.4퍼센트 증가했다. 극우 정당인 '독일을 위한 대안'(Alternative für Deutschla, AfD)은 2013년 창당 이후, 2017년 9월 연방의회 선거에서 12.6퍼센트를 득표하며 제3정당으로 의회에 진출했다.

하노버에서 오마스 멤버로 활동 중인 레나테(73)는 2019년 5월 하노버 인근 도시인 헤밍겐(Hemmingen)에서 유대인 부부의 주거 건물을 겨냥한 방화 테러 이후, 충격과 분노에 휩싸였다. 은퇴 전까지 중등학교 교사로 일했던 그는 '지금 반드시 무언가를 해야 한다. 과거처럼 국가사회주의와 파시즘을 겪는 일은 두 번 다신 없어야 한다'고 결의하며 오마스 활동에 합류했다.

오마스 그룹은 지역별로 저마다 다양한 활동을 펼치지만, 그들이 만들어가고자 하는 사회의 모습은 같다. 모든 차별이 금지되고 이주자와 난민에게 열린 사회, 성적 정체성에 상관없이 모두 존중되고 여성이 차별받지 않는 사회, 다양한 목소리를 내는 그룹이 연대해 공평하고 자유로운 민주주의를 만들어가는 사회다. 그들이 꿈꾸는 사회를 위해 오마스 그룹은 코로나19로 인한 봉

쇄 및 이동 제한 조치 속에서도 활발히 활동을 이어가고
있다.

॰

오마스 그룹의 베를린 지부는 요즘도 매주 한두 번 비디
오 회의를 연다. 혼자 사는 회원이 고립되지 않도록 안부
를 묻기 위한 이유도 있고, 코로나19 상황에서도 활동을
이어가기 위해서다. 베를린 지부에는 60여 명이 활동 중
이며, 평균 연령대는 60대 후반이다. 최근 회의에서는 그
간 연계 활동을 펼쳐온 여성, 환경 단체들과 새로운 온라
인 행사 기획, 6월에 열리는 큰 예술축제 참여 방법 등을
논의했다. 의료진, 법조인, 활동가 등 각기 다른 직업군으
로 일하면서 다양한 경험을 쌓아온 회원들은 극우세력
확장을 두고 볼 수만 없다는 마음으로 오마스 활동을 시
작하게 됐다.

    지난해부터 베를린 지부에서 활동 중인 베티나(73)
는 2008년과 2012년 남미 니카라과에 머물면서 정치 세
력에 의해 민주주의가 파괴되는 것을 목격했다. 이후 독
일로 돌아와 우익세력이 가하는 위협이 커지고 있음을
깨달았고 무언가 해야겠다고 결심했다. 언론 보도를 통
해 오마스 회원들이 매주 토요일, 크로이츠베르크 동네
에 위치한 카페 마다메(Café MadaMe)에서 모인다는

정보를 접했고, 바로 그 카페로 찾아가 활동에 합류했다. 은퇴 전 변호사로 일했던 그는 법적 문제를 겪는 이주민과 난민 아동을 위해 난민 지위 신청 등에 필요한 서류 작업을 도와주고 독일어 수업 등을 진행해왔다.

아네테(58)는 베를린 지부가 꾸려진 2018년 초기부터 오마스 그룹에서 활동해왔다. 헤센주에 살다가 1998년 베를린으로 이주한 아네테는 노인 간호 전문가로 일해오면서 환경, 빈부 격차 등 여러 사회문제를 접하며 변화가 필요하다는 걸 절감했다. 특히 2015년 독일이 난민을 대거 수용한 이후로는 극우세력의 목소리가 더욱 커지는 것을 목격했고, 나치 반대 집회에 참여했다가 오마스 그룹을 만나 활동을 시작했다.

베티나와 아네테는 입을 모았다. "전쟁과 나치를 경험한 우리는 미래를 위해 두 번 다시 끔찍한 과거를 반복할 수 없습니다. 극우세력으로 하여금 당신들은 우리 사회의 주요 세력이 아니며 언제나 우리가 더 큰 사회 세력으로 맞설 것이라는 메시지를 주기 위해 거리로 나서게 됐어요."

현재 오마스 베를린 지부는 극우세력에 의해 열리는 '코로나 봉쇄령 반대' 시위에 맞서는 집회를 조직하고 있다. 봉쇄 조치가 풀린 후 50명 이하의 소규모 집회가 허용된 상태라, 베를린에서 가장 유명하고 큰 광장인 알렉산더플라츠에서 월 1회 진행해온 홍보 활동도 이어 간다.

홍보는 피켓을 들고 서서 홍보물을 배포하며 시민들과 대화를 나누는 방법으로 이뤄진다. 최근에는 시리아에서 온 청년이 독일에서 직업훈련을 받으며 정착하고 있는 자신의 이야기를 들려주었고, 랩 음악을 하는 청년이 자신의 작업에 함께 참여해줄 수 있는지 의사를 물어온 적도 있다. 정치적 견해가 다른 시민과 논쟁도 벌인다. 오마스 활동가들은 "우리의 목소리와 의견을 전달함과 동시에 다양한 시민과 소통하는 것도 우리의 주요 활동 중 하나"라고 설명했다.

4년 넘는 시간 동안 여러 현장에서 오마스 활동가들을 만나며, 미래를 만들어가는 것은 청년 세대만의 몫이 아님을 다시금 깨달았다. 역사의 산증인으로 통찰과 혜안의 힘을 지닌 그들은, 민주주의에 대한 뜨거운 열망과 결의로 길 위에 서 있다. 여성의 정치적 저항에 대한 지지와 연대의 상징인 핑크 모자(Pussyhat)를 쓰고서. '두 번 다시 파시즘을 겪는 일은 없어야 한다'고, '다시 전쟁이 일어나선 안 된다'고 외치는 오마스 활동가들을 오래도록 만나고 싶다.

"타오르는 불길로
한국 여성 노동자에게 연대 인사를"

#로레초라 #후레아패션 #한독연대

1987년 8월 15일, 독일 아들러(Adler) 기업이 운영하는
옷가게 여덟 군데에서 동시다발로 화재가 발생했다. 인
명 피해는 전혀 없었으며, 옷만 불에 타서 기업에 대한
재산 피해만 입힌 사건이었다. 이 방화사건이 누구에 의
한 것인지 미궁에 빠져 있을 때, 사건 사흘 뒤인 8월 18일
독일 언론 «타츠»(*TAZ*)에 한 성명서가 실렸다.

> "한국 아들러 기업에서 일하는 여성 노동자들이 노
> 동력 착취와 성폭력, 성차별 문제에 대항해 투쟁하
> 고 있다. 한국과 스리랑카에 지점을 둔 아들러의 생
> 산 공장에서 여성 노동자들이 열악한 노동 조건과
> 생활환경에 놓여 있다는 사실은 그간 독일 아들러

1988년 5월 19일,
독일의 여러 노동조합은 연대의 의미로
한국 여성노동자 투쟁 소식을 알리는
행사를 개최했다.
사진은 베를린의 한 노조가 만든 행사 포스터.
ⓒ재독한국여성모임

백화점 앞에서 있었던 시위와 홍보 활동을 통해 이미 알려져 있다. 우리는 이 인기 좋은 백화점을 모르는 체하고 지나갈 수 없다. … 아들러의 여덟 개 지점은 우리에 의해 불길에 휩싸였다. 우리는 성차별과 인종차별에 대항하는 투쟁을 멈추지 않을 것이다. 타오르는 불길로 한국 여성 노동자에게 연대 인사를 보낸다."

이들은 독일의 급진 페미니스트 게릴라 조직 '로테 초라'(Die Rote Zora)였다.

♺

당시 아들러 기업이 운영한 한국 후레아 패션 공장 여성 노동자들은 열악한 노동 조건에 내몰려 있었다. 하루에 10시간 넘는 장시간 노동을 하면서도 터무니없이 낮은 임금을 받았고, 아들러 직원들에 의한 성폭력과 성차별에 시달렸다. 설상가상으로 어용노조 위원장이 회사와 부당한 노동조건으로 타협하고 잠적하는 일이 벌어졌다. 이에 노동자들은 '16.5퍼센트 임금 인상', '민주노조 결성 허용' 등의 조건을 내걸고 파업에 돌입했고, 이 과정에서 열두 명의 노동자가 부당 해고되면서 농성은 장기화를 예고했다.

이 투쟁이 독일에 알려진 것은 파독 간호사로 일하다 한국으로 돌아간 주예회 선생의 편지를 통해서였다. 그는 파독 간호사로 구성된 '재독한국여성모임'에 연대 투쟁을 요청하는 편지를 보냈고, 모임 회원들은 이 편지를 바로 독일어로 번역해 독일 섬유 노조와 여러 여성·인권단체에 알리고 연대를 호소했다. 동시에 아들러 본사에 강력한 항의 서한을 보내고 아들러가 운영하는 매장 앞에서 시위를 벌였다. 아들러 직원들은 독일 시위를 이끄는 활동가들에게 개별적으로 연락해 시위 현장에서 배포하는 전단의 내용이 사실과 다른 부분이 있어 수정해야 한다는 등 압박을 가해왔다. 어려움 속에서도 독일에서의 연대 투쟁이 이어졌지만 한국 후레아 패션 공장의 상황은 진전 없이 교착되었다.

그러던 중 독일 전역에서 로테 초라에 의한 대규모 방화 공격이 발생했고, 결국 아들러는 노동자의 요구대로 임금 인상, 해고노동자 복직, 민주노조 결성 허용 등을 받아들였다. 한국과 독일의 국경을 넘은 여성 연대가 후레아 패션 공장 노동자의 투쟁을 승리로 이끌었다.

°°

젠더에 의한 어떤 억압도 없는 해방된 사회를 꿈꾼 로테 초라는 가부장적 구조와 성차별, 성폭력 가해자 공격을 목표로 1977년부터 1995년까지 약 45건의 방화 공격을 가해 수백만 유로 상당의 재산 피해를 냈다.

로테 초라는 여성에 대한 폭력과 인신매매, 여성의 몸을 도구화하는 재생산기술과 유전학 연구 등에 항의하며, 주로 이 이슈와 연결된 대기업과 연구기관, 포르노 상점 등을 공격했다. 1970년대 임신 테스트를 위한 약품 판매로 1천 명이 넘는 기형아 출산을 야기한 제약회사 셰링(Schering, 현 바이엘제약), 독일 남성에게 어린 태국 소녀들을 아내로 '매매'했던 결혼중개업체 등이 여기 속했다. 1995년에는 수년간 쿠르드족을 살해하는 데 사용된 군함을 터키 정권에 공급한 조선소를 공격했다.

이들은 '어떤 경우에도 사람을 다치게 하지 않는다'는 원칙에 따라 철저히 재산 피해만 입혔음에도 불구하고, 테러조직으로 간주되어 기소 대상이 됐다.

로테 초라 이야기는 재독한국여성모임 창립 멤버였던 최영숙 선생님을 통해 처음 들었다. 선생님께 이야기를 듣는 내내 국경을 뛰어넘은 여성들의 연대 이야기에 가슴이 뛰었다. 꼭 직접 취재하고 싶었다. 페미니즘 아카이브(FFBIZ) 공간을 찾아 로테 초라에 관한 자료를 찾고 당시 언론 기사를 검색해봤지만, 다양한 활동을 한 것에 비해 로테 초라는 독일 급진좌파운동이나 여성운동 진영 안에서 제대로 언급되지 않았다.

‹여성들이 갱 조직을 만든다›
영화 포스터.

©LAS OTRAS

"타오르는 불길로 한국 여성 노동자에게 연대 인사를"

때마침 레즈비언 필름 콜렉티브 '라스 오트라스'(las otras)에서 로테 초라에 관한 다큐멘터리를 제작하고 있다는 소식을 접했다. 이들은 로테 초라를 중심으로 한 1970년대와 80년대 여성운동 이슈를 한데 모은 다큐멘터리를 기획했다. 가사와 자녀 양육 노동에만 묶여 사는 여성의 자유를 지지하는 해방운동부터 (현재도 진행 중인) 임신중지를 불법으로 간주하는 형법 218조 폐지운동, 레즈비언 인권운동, 여성 매체와 여성 출판사 설립운동까지. 라스 오트라스는 2013년부터 당시 사진과 신문 기사, 텔레비전 자료를 어렵게 모았고 여성학자들을 인터뷰했다.

드디어 2019년 봄, 기다리던 다큐멘터리 영화 ‹여성들이 갱 조직을 만든다›(Frauen bildet Banden)가 공개됐다. 최영숙 선생님 덕분에 베를린에서 열린 첫 시사회에 초대받아 설레는 마음을 안고 크로이츠베르크 지역 극장 에프에스카 키노(FSK Kino)를 찾았다.

벚꽃이 흐드러지게 핀 극장 앞에 1970년대부터 서로 다른 여성조직을 꾸려 활동해온 수많은 독일 페미니스트들이 마치 동창회를 하듯 모여 있었다. 모두가 로테 초라의 친구이자 동지, 든든한 후원자였다. 눈부신 봄 햇살 아래 서로 뜨거운 포옹을 나누며 안부를 나누고 있었고, 그 가운데 최영숙, 안차조 선생님을 비롯한 로테 초라와 연대 투쟁했던 한국 여성들도 보였다.

다큐멘터리에는 수많은 여성학자와 활동가, 그리고 여전히 누군지 알려지지 않은 로테 초라 조직원들의 목소리가 담겨 있다. 특히 로테 초라의 대표적인 활동으로 한국 후레아 패션 산업 여성 노동자 투쟁에 연대한 사례가 자세히 소개됐는데, 재독한국여성모임◆ 전 대표인 안차조 선생님의 인터뷰로 이를 다룬 것이 인상적이었다.

상영회가 끝나고 안차조 선생님을 만나 로테 초라를 취재하고 있다고 말하니, 선생님은 날 집으로 초대해 따스한 이야기를 들려주셨다.

◆ 파독 간호사들이 모여 1978년 재독한국여성모임을 창립하게 된 것은, 한국 파독 간호사들이 강제 해고, 송환되는 일이 벌어졌기 때문이다. 2차 세계대전 이후 독일은 서독 경제 성장을 위해 외국인 노동자를 대대적으로 유치했지만 1973년 석유 파동이 나면서 파독 간호사를 해고해 추방하기 시작했다. 이에 독일 전역에 있는 한국 간호사들은 지역별로 병원 앞에서 서명운동을 통해 여론을 형성했고, 각 여성단체와 인권단체, 노조 등과 연대해 투쟁을 이어갔다. 공개서한과 함께 각 주정부에 서명이 보내졌고, 뮌스터에서 열린 공개 집회에서는 수많은 시민이 지켜보는 가운데 기자회견이 열리기도 했다. 이후 베를린을 시작으로 독일 정부는 한국 간호사에게 무기한 체류와 노동 허가를 보장했다. 이 운동을 위해 임시로 만들어졌던 여성 모임은 1978년 9월, '재독한국여성모임' 이름으로 정식 발족한다.

"아들러에 대항한 투쟁이 성공할 수 있었던 것은 1978년부터 모임 회원들이 한국 여성 노동자와 연대해온 경험이 토대가 되었어요. 긴 역사를 지닌 한국과 독일 간 여성 연대는 계속 이어질 거라 믿어요."

이제 70대, 80대가 된 재독한국여성모임 회원들은 지금도 적극적으로 활동을 이어가고 있다. 모임 창립 멤버였던 최영숙 선생님은 한민족유럽연대 의장을 비롯해 독일 '연대하는 사회를 위한 재분배재단' 여성분과위원회 등 여러 단체에서 활동 중이다. 지금도 변함없이 여성 관련 집회가 있을 때마다, 누구보다 뜨거운 심장으로 현장에 서 계신다. 안차조 선생님 역시 일본군 '위안부' 문제 대책 협의회를 비롯해 독일 영 페미니스트들이 주최하는 행사에 적극적으로 참여한다. 한때 재독한국여성모임을 이끌었던 조국남 전 대표는 전 세계에서 온 멤버들이 활동하는 독일이주여성단체 '다미그라'(DaMigra)를 이끌고 있다.

독일 여성운동사와 이주 역사를 새로 쓴 언니들이 긴 시간 이어온 사랑과 우정을 보면서 앞으로 걸어갈 길에 대한 용기와 확신을 얻었다.

오늘따라 사무실 한편에 쓰여 있는 문구가 더욱 와

닿는다.

　"우리의 단결이 우리의 강점이다!"(Our unity is our strength!)

여성 사회주의자들이
남긴 것

#로자 #콜비츠 #사회주의

매년 1월 두 번째 일요일, 베를린에서는 1919년 1월 15일 암살된 사회주의자이자 혁명가인 로자 룩셈부르크(Rosa Luxemburg)를 추모하는 행사가 열린다. 한 해의 시작을 알리는 이 집회에서는 독일 좌파당을 비롯한 여러 정치인과 수많은 시민이 로자가 잠들어 있는 사회주의자 묘역까지 길게 행진한다. 묘역에 도착하면 한가운데에 솟아 있는 추모비에 적힌 문구가 가장 먼저 눈에 들어온다. '죽은 자들이 우리를 일깨운다'(DIE TOTEN MAHNEN UNS). 이 추모비를 중심으로 로자를 비롯한 그녀의 사회주의자 동지들이 원형으로 안치되어 있다.

추모비 문구처럼 로자는 지금도 많은 이들을 일깨

베를린 프리드리히펠데 공동묘지 안에 있는
사회주의자 묘역 모습.
한 시민이 로자 룩셈부르크 묘 앞에 서 있다.
©채혜원

여성 사회주의자들이 남긴 것

운다. 학문, 예술, 사회운동 등 독일의 다양한 영역에서 로자의 정신을 이어가려는 후세의 노력이 이어지고 있다. 2008년 말에는 뮤지컬 ‹로자›가 무대에 올랐으며, 2015년에는 로자의 일대기를 만화로 그린 책 «레드 로자»(Red Rosa)가 출간됐다. 1990년에는 그의 이름을 딴 '로자 룩셈부르크 재단'이 만들어졌다. 이곳은 다양한 펀드 운영으로 교육·여성·정치 조직과 인종차별주의, 파시즘에 대항하는 여러 활동을 지원한다.

　　로자 재단은 International Women* Space(국제 여성공간, IWS)와도 인연이 깊다. 2017년 10월, IWS는 재단 후원으로 독일에서 첫 난민·이주여성 국제 콘퍼런스를 열었고, 그 결과물로 단행본 «내가 독일에 왔을 때»(Als ich nach Deutschland kam)가 출간됐다.

❀

한국과 달리 독일에 살다 보면 사회주의의 여러 조각을 만난다. 한국에서는 대학에서 사회학 전공서적을 읽을 때나 스터디 모임 때 외에는 '사회주의'란 단어를 듣기 어려웠는데, 독일에서는 주로 활동가 영역에서 생활해서인지 일상에서 자주 접한다. 그중에서도 여성 사회주의자의 흔적을 만날 수 있다는 것이 내겐 무척 흥미로웠다.

　　로자 룩셈부르크 외에 베를린에서 만날 수 있는 또

다른 사회주의자는 민중의 삶과 생활을 예술작품으로 만든 화가이자 판화가인 케테 콜비츠(Kathe Kollwitz)다. 지난 2월 9일, 베를린 서쪽 동네 샤를로텐부르크(Charlottenburg)에 위치한 '케테 콜비츠 박물관'에서는 그의 새로운 그림이 공개되는 특별전시 개막 행사가 열렸다. 낙태를 불법으로 간주하는 '형법 218조'에 대한 반대, 베를린의 열악한 거주환경과 아이들의 놀이터가 없는 도시계획에 대한 비판 등의 메시지를 담은 작품 20여 편이 박물관 한편에 새로 걸렸다. 1986년 문을 연 이 박물관을 오랫동안 지켜온 후원자와 친구 들이 한데 모여 그의 작품과 함께 긴 겨울밤을 보냈다.

유럽 예술 발전에 결정적인 영향을 끼친 프로이센 예술 아카데미의 최초 여성 회원이기도 했던 케테 콜비츠는 늘 사회주의와 혁명의 편에서 민중들을 그려왔다. 베를린은 그가 52년간 살면서 일한 곳인 만큼, 길거리나 여러 기관의 엽서나 포스터에서 그의 대표작 〈전쟁이 다시 일어나선 안 된다〉(Nie Wieder Krieg)를 만날 수 있다. 1차 세계대전에서 열여덟 살 아들을 잃고, 2차 세계대전 때는 손자마저 떠나보낸 케테 콜비츠는 전쟁의 참상은 물론 가난과 비참한 노동자들의 현실 등을 그리며 투쟁했다.

로자 룩셈부르크나 케테 콜비츠 외에도 여러 사회주의자를 만날 수 있는 베를린에서 '사회주의'는 과거에 머물러 있지 않다. 미국에서 젊은 밀레니얼 세대가 이끄는 민주사회주의자(Democratic Socialists of America) 모임 세력이 점점 커지는 것처럼, 독일에서도 사회주의를 향한 젊은 세대들의 새로운 움직임이 활발하다. 새로운 포맷의 단독보도를 지향하는 미국의 뉴미디어 매체 《액시오스》(AXIOS)에서 실시한 설문조사 결과에 따르면, 경제 불평등이 계속 증가하는 자본주의에서 자란 밀레니얼 세대가 사회주의자 후보에게 투표하겠다고 답한 비율은 70퍼센트에 이른다. 대학 진학만이 유일한 선택이라 강요받으며 자랐지만, 졸업 이후 무급이나 저임금 인턴 자리를 맴돌며 실업 상태에 놓인 청년들은 특히 정치 영역에서 사회주의에 대한 관심을 드러내고 있다.

독일 사회민주당(SPD)의 청년조직 '유소스'(Jusos)는 자신들을 '젊은 사회주의자'로 소개한다. 유소스에는 14세에서 35세 사이 7만 명 이상의 청년들이 독일 전역에서 활동하고 있다. 이들의 기본 가치는 자유, 정의, 연대다. 유소스는 차별과 억압 없는 사회를 꿈꾸며 난민 고립정책 반대, 동일노동 동일임금, 더 나은 직업교육 시행 등 여러 정책 활동을 펼치고 있다.

페미니즘 영역에는 이주 여성들이 이끄는 조직인 '사회주의 여성연합'(Sozialistischer Frauenbund, SFB) 이 있다. 2010년 터키와 쿠르디스탄에서 정치적으로 추방되거나 이주한 여성들에 의해 설립된 이 단체는 현재 독일, 영국, 프랑스 등 8개 유럽 국가에서 활동한다. 터키와 쿠르디스탄은 물론 모든 이주 여성과 일하는 여성을 지원하는 것이 조직의 목표다.

　　내가 이들을 처음 만난 건 2017년 겨울, '베를린 국제주의 페미니스트 연합'을 통해서다. 우리는 매년 3월 8일 세계 여성의 날과 11월 25일 세계 여성 폭력 추방의 날 집회를 조직하는 일 외에도 다양한 정치 캠페인을 함께 펼치고 있는데, 사회주의 여성연합 회원들은 늘 누구보다 적극적으로 참여해왔다.

　　베를린 페미니스트 활동가들은 사회주의 여성연합을 통해 시리아 쿠르드족 마을에서 터키 정부나 이슬람 국가에 의해 자행되는 테러와 공습에 대해 듣고 국제연대 활동을 조직한다. 2019년에는 터키 정부군이 시리아 쿠르드족 마을을 공습한 것에 대해 비판했다가 감옥에 갇혀 단식투쟁을 벌인 인민민주당 소속 터키 여성 정치인들에게 연대의 뜻을 보내는 집회를 열었다.

　　사회주의 여성연합 베를린 지부에서 활동 중인 메랄은 "우리는 독일 내 다른 이주 여성 단체와 함께 터키와 쿠르디스탄의 민주주의 투쟁을 지원하는 다양한 행사를 열고 있다"고 말했다. 무엇보다 메랄은 베를린에 사는 터키와 쿠르디스탄 출신의 이주 여성들과 만나기 위해 친목 모임을 만들었다. 또한 사회주의 여성연합 회원들은 더 많은 여성이 고립되지 않고 착취, 성차별, 모든 형태의 억압에 맞서 싸울 수 있도록 여러 정보를 담은 잡지를 터키어로 발행 중이다.

⚬

로자 룩셈부르크와 그의 동지들이 잠들어 있는 사회주의자 묘역에 갔을 때, 내게 로자를 기리는 1월 집회를 처음 알려주신 박소은 선생님의 저서 《어느 베를린 달력》(2019)에 적힌 문구가 떠올랐다.♦

  "로자 묘역 입구에 서 있던 어느 그룹의 할머니 한

♦　로자를 기리는 1월 집회는 유신독재 반대 운동을 하다 1970년대 초 독일로 유학 온 뒤 여러 사회운동에 참여해온 박소은 선생님을 통해 처음 알게 되었다. 박소은 선생님은 "독일 사회주의와 공산주의는 후세에 의해 '실패했다'고 결론지어지지 않으며 역사 속으로 소멸되지도 않았다"며 "사회주의자 묘역은 20세기 초에 인류가 지향하고자 한 이상 사회를 그려볼 수 있는 소중한 장소로 보존되어 있다"고 말했다.

사회주의자 묘역을 품고 있는
공동묘지 공원의 한 건물에 적혀있던 문구,
'그럼에도 당신들은 살아 있는 겁니다'
(UND SIE LEBEN DOCH)

©채혜원

여성 사회주의자들이 남긴 것

분이 친절하게 내게 다가와서 로자 얼굴 사진이 박힌 배너를 달아줬다. 그녀는 "우리는 공산주의자입니다. 그래서 이곳에 참석한 당신에게 동지적 사랑과 연대를 표하는 겁니다"라고 속삭였다. 살을 에는 듯 사정없이 불던 찬바람을 한순간 후루룩 걷어주는 따뜻한 입김이었다. 공산주의, 한때 그 얼마나 온기를 주던 언어였던가. 힘없는 자, 가난한 자, 억울한 자들에게 무한한 희망과 용기를 주던 언어. 그녀의 속삭임 속에 지난 세기의 투쟁이 꿈결처럼 스쳐 지난다. 그러나 작금의 현실은 그녀의 늙어 주름진 얼굴처럼 일그러진 모습이다."

사회주의자 묘역에 잠들어 있는 이들이 꿈꿨던 사회는 정말 모두 사라진 걸까. 여러 생각에 잠겨 이들을 품고 있는 공동묘지 공원을 걷던 중 우연히 한 건물에 적혀 있는 문구를 발견했다. '그럼에도 당신들은 살아 있는 겁니다'(UND SIE LEBEN DOCH).

베를린에서 사회주의자들이 남기고 간 영적 유산을 발견하는 동안, 앞으로 남은 자들이 어떤 삶을 살아가야 하는지 묻는 듯했다. 새로운 세대는 독일에서 그 질문에 답하기 위해 다양한 형태의 차별과 억압에 맞선 활동을 해나가고 있다. 그들을 통해 절망 가득한 현실에 굴

하지 않고 새로운 삶에 대한 희망을 본다. 베를린에서 만들어가는 새로운 사회주의를 향한 실험은 오늘도 계속된다.

내가 장미를
사지 않는 이유

#케냐장미농장 #식민주의 #독장미연구팀

"우리는 빵을 얻기 위해 싸우지만 장미도 원합니다.
함께 가면 더 좋은 날이 올 것입니다.
여성들이 맞서 싸우면 마침내 모든 이들이 해방될
것입니다."

베를린에서 열리는 다양한 페미니즘 관련 집회에서 종종
울려 퍼지는 노래가 있다. 노래 제목은 〈빵과 장미〉(Brot
und Rosen). 1912년 1월, 미국 로렌스의 한 섬유공장에서
노동자 1만 4천 명이 굶주림과 아동노동 문제에 맞서 투쟁
하며 부른 노래다. 당시 여성 노동자들은 거리와 일터, 집
회 등 곳곳에서 이 노래를 불렀고, 이후 파업은 널리 알려
지게 됐다.

생존권을 뜻하는 '빵'과 존엄을 뜻하는 '장미'를 원한다는 미국 여성 노동자들의 외침을 독일 집회에서는 독일어 노래로 부른다. '우리는 빵을 원하지만 장미도 원한다'(Wir wollen Brot, aber auch Rosen!)고. 하지만 오늘날 독일에서 장미는 '존엄'이 아니라 '노동 착취의 산물'이다. 이야기는 케냐 장미농장에서 시작된다.

⚬

다발성 경화증 진단을 받고 더 나은 삶을 살기 위해 2015년 케냐에서 독일로 온 제인은 1년 넘게 장미농장에서 일했다. 다 자란 장미를 잘라 운송 상자에 싣는 일을 주로 맡았다. 그가 이른 아침부터 저녁까지 고되게 농장에서 일해서 번 돈은 한 달에 100유로(약 13만 원). 장미농장은 도심에서 약 100킬로미터 떨어진 작은 마을에 있었다. 농장 근처에 살며 일해야 했기 때문에 노동자들은 농장 근처에서 살며 월세를 내고, 아이들은 농장 옆 학교에 다녔다. 살림살이도 마을 가게에서 사들였다. 이들 집과 학교, 마을 가게 모두 농장 소유주인 기업에서 운영했다. 기업이 한 마을을 지배한 셈이다.

무엇보다 '깨끗한 물에 대한 소유권'이 큰 문제라고 제인은 지적했다. 장미농장 소유주가 마을의 깨끗한 물을 철저하게 통제하다 보니 정작 주민들은 깨끗한 물을 쓸 수 없었다. 적은 물로 여러 가족이 생활해야 했고, 이로 인해 여러 아이들이 전염병에 걸렸다. 깨끗한 물은 사람이 아닌 장미를 위해 사용됐다.

케냐는 네덜란드, 콜롬비아, 에콰도르 다음으로 세계에서 네번째로 큰 절화(cut flower) 생산국이자 아프리카 최대 꽃 수출국이다. 유럽연합으로 수입되는 절화의 약 38퍼센트가 케냐에서 온다. 케냐 꽃을 수입하는 대표적인 국가는 네덜란드와 영국, 독일, 프랑스, 스위스다. 1990년 이래 케냐의 꽃 수출량은 점점 늘어나 2017년 15만 9961톤에 이르렀으며, 수출액 규모는 케냐 돈으로 822억 실링(약 9600억 원)이 넘는다.

꽃 산업이 이처럼 점점 거대해짐에 따라 노동자들의 생계 문제와 천연자원 및 담수 개발, 장미 재배에 사용되는 화학물질 사용으로 인한 환경오염 문제 역시 심각해지고 있다.

케냐와 독일 여성 활동가들은 이 문제를 알리기로 뜻을 모았고, 케냐 장미농장이 노동자와 지역사회, 환경에 미치는 영향을 분석, 연구하기 위해 '독장미'(Toxic Roses) 프로젝트팀을 꾸렸다. 베를린에서 만난 연구팀은 이렇게 말했다. "우리 모두 꽃을 좋아하지만, 꽃 산업에서 일하는 여성들이 더 나은 노동 조건을 누릴 수 있도록 어떻게 도울 수 있을지 방법을 찾아야 해요. 꽃 수출

기업은 노동자의 최저 생계비 보장 및 안전한 작업환경, 담수의 부적절한 사용과 화학물질 처리로 인한 기후 문제에 대한 책임을 져야 합니다."

케냐꽃협회 자료에 따르면, 케냐에는 현재 300개가 넘는 꽃 수출 업체에서 약 9만 명에 이르는 노동자가 일한다. 독장미 연구팀을 이끄는 케냐 출신 활동가 제니퍼는 "케냐에서 꽃 산업이 시작되었을 때, 수많은 일자리를 만들어 빈곤을 줄이고 경제성장으로 이어진다는 장밋빛 미래를 전망했다. 하지만 수십 년이 지난 지금 환경오염과 더불어 심각한 빈곤을 불러왔고 이는 재앙 수준"이라고 말했다.

꽃 산업에서 고통받는 건 여성 노동자다. 일부 여성 노동자는 농장에서 장미를 빨리 자라게 하기 위해 사용하는 화학물질 때문에 암에 걸리고 여러 차례 유산했다. 2003년부터 2014년까지 케냐 장미농장에서 일한 여성 노동자 주디는 독장미 연구팀 인터뷰 영상에서 이 사실을 증언했다. 주디는 장미농장에서 일하는 동안 세 차례나 유산했고, 더 이상 일할 수 없을 정도로 몸이 아파 일을 그만둔 상태였다. 회사가 운영하는 클리닉에 갔을 때는 유산 원인에 대해 제대로 들은 바가 없었다. 너무 과로하지 말라는 조언만 들었다.

그는 자신이 왜 세 번이나 유산했는지 원인을 제대

로 알고 싶었지만, 회사는 자꾸 문제를 들추면 해고한다고 협박했다. 아이들을 키워야 하는 주디에게 다른 선택지는 없었다. 시간이 지나 큰 병원을 찾고 나서야 농장에서 사용하는 화학물질 때문에 유산되었다는 걸 알 수 있었다. 주디의 설명에 따르면, 매일 출근시간 직전에 스프레이 기계로 농장에 화학물질을 분사하는데 안전을 위한 작업복 같은 건 전혀 없었다고 한다. 많은 노동자가 심각한 피부병과 면역체계 이상을 앓고 있는에도 기업 측에서는 어떤 조치도 취하지 않았다.

원산지 제품 가격을 높여 생산자에게 도움을 주는 것으로 알려진 공정무역 기업에서 일해도 상황은 크게 나아지지 않는다. 언론을 통해 공정무역 산업이 점점 성장하고 있다는 소식을 들었지만, 그로 인한 이득은 노동자에게 돌아오지 않았다. 주디는 한 공정무역 기업에서 일하며 월급으로 고작 45유로(약 6만 원)를 받기도 했다.

주디 이야기를 듣다 보니 연구팀을 통해 전해 들은 또 다른 케냐 노동자 리디아의 이야기가 떠올랐다. 리디아는 12년간 장미농장에서 일했지만 경제적으로 자립하지 못했다. 혼자 아이들을 키우며 월급 100유로(약 13만 원)로 집세를 내고, 식료품을 사고, 아이들 학비를 내기엔 턱없이 부족했다. 농장을 운영하는 기업은 언제든 해고가 가능하도록 의도적으로 노동계약서를 3~6개월 단

케냐의 한 장미농장에서 일하고 있는
여성 노동자의 모습.
©eRegulations Kenya

위로 작성하고, 10년 넘게 일한 노동자의 임금을 한 번도 인상하지 않았다.

"올해도 1년 내내 빚을 지며 살았어요. 아무리 일해도 현실은 나아지질 않아요. 저는 그저 상황이 나아지기만을 기도합니다. 그것이 내가 할 수 있는 전부니까요." 리디아는 절망스럽게 말했다.

이런 비극이 2020년에도 이어지는 것은 케냐의 노동법과 정책이 대부분 식민지 시대에 만들어졌기 때문이다. 독장미 연구팀은 그간 많은 법이 폐지·개정됐지만, 노동법은 여전히 문제가 많다고 강조했다. 꽃 사업은 호황을 누리고 있지만 노동자에게는 이익이 닿지 않는 배경이다.

☙

케냐 장미농장을 취재하다가 북부독일방송(Norddeutscher Rundfunk)에 방영된 〈장미 이야기〉(Die Rosen-Story)란 다큐멘터리를 발견했다. 케냐 장미농장 노동자들의 노동권과 인권에 대해 다룬 영상이었는데, 케냐에서 큰 장미농장을 운영하는 독일 기업을 찾아가 독일인 매니저를 인터뷰하는 장면이 나왔다.

피디가 물었다.

"현재 장미농장 노동자들에게 지급되고 있는 월급

(약 14만 원)에 대해 어떻게 생각하나요?"

독일 매니저가 답했다.

"우리는 충분한 돈을 지급하고 있습니다. 여기서 지내는 노동자들은 많은 돈이 필요 없거든요."

처음 독일 매니저의 답을 들었을 때, 잘못 들은 줄 알고 다큐멘터리를 함께 보던 독일인 동료들에게 몇 번이나 물었다. 지금 내가 독일어를 잘못 들은 게 아니냐고. 어떻게 매니저가 저런 답변을 할 수 있느냐고 말이다. 유럽인이 아프리카 노동자를 어떻게 대하는지 함축적으로 보여주는 장면이었다. 실은 장미 산업뿐만 아니라 유럽의 모든 경제 기반에서 아프리카 노동자들은 이렇게 착취당하고 있다. 아시아인을 포함해 많은 이주민들의 사정도 크게 다르지 않다. 장미농장을 취재하는 내내, 문제 해결을 위한 논의가 유럽 곳곳에서 이뤄져야 한다는 생각으로 가득 차올랐다.

장미꽃이 어느 때보다 많이 팔리는 2월 14일 밸런타인데이를 앞두고 독장미 연구팀은 캠페인을 준비 중이다. 그동안 연구한 자료를 바탕으로 시민들에게 우리가 사는 장미가 어디에서 오는지, 장미를 키우는 노동자들이 어떤 어려움을 겪고 있는지 독일의 여러 꽃집 앞에서 알릴 예정이다.

　　이제 거리에서 장미를 보면 꽃보다 여성 노동자들의 눈물이 먼저 보인다. 이것이 내가 독일에서 장미를 사지 않는 이유다.

모두 알지만 아무도 답하지 않으니
그것을 모두가 말할 때까지

#난민인권 #코로나난민 #국경폐쇄반대

"저는 도베를루크-키르히하인(Doberlug-Kirch-hain)에 위치한 라거에서 지내고 있어요. 코로나19 이후 이곳은 혼돈 그 자체입니다. 코로나 음성 반응이 나왔지만 여전히 격리 중인 사람들, 새로 도착한 사람들, 코로나 검사 결과를 기다리는 사람들이 모두 함께 지내고 있어요. 방을 따로 쓰기도 하지만, 부엌과 화장실은 모두 공유합니다. 감염 우려가 커서 모두 걱정하며 지냅니다. 마스크는 받았지만 여전히 손소독제는 직원들이 사용하는 식당과 건물 출입구에만 있어요. 얼마 전, 한 시민단체에서 마스크, 소독제, 과일을 공급했고 한차례 더 물품을 실어왔지만 라거에서 그들의 방문을 거부했어요. 우

리는 그저 창밖으로 그들이 허탈하게 돌아가는 뒷모습만 볼 수 있었습니다."(난민 여성 J의 증언)

"저는 이틀 전, 아이젠휘텐슈타트(Eisenhütten-stadt)에 위치한 라거에 도착했습니다. 현재 다섯 명의 여성, 한 명의 아이와 지내고 있는데 시설에 손소독제 등 위생용품이 없습니다. 우리는 계속 용품 제공을 요구했지만, 여전히 시설에는 아무것도 없습니다. 화장실을 나올 때도 손을 소독할 수 없고 많은 이들이 함께 거주하는 곳이라 시설에서 지내는 것 자체가 불안합니다."(난민 여성 M의 증언)

"저는 노이루핀(Neuruppin)의 라거에 머물고 있습니다. 매달 받는 난민 지원금(약 100유로)을 받기 위해 관청을 찾으려고 했지만, 갑자기 사회복지사로부터 14일 격리 통보를 받았습니다. 저는 어떤 증상도 없기 때문에 격리하지 않을 것이고, 이런 상황에 대한 설명이 필요하다고 답했습니다. 그러자 그들은 격리하지 않는다면 5월 지원금을 지급하지 않을 것이며, 나의 거주 허가 비자가 끝나면 연장하지 않을 것이라고 말했어요. 저는 아기용품을 사기 위해 그 돈이 너무 필요하고, 추방당하고 싶지 않기에

이 부당한 조치를 받아들였습니다. 명백한 인종차별입니다. 마음이 고통스럽습니다."(난민 여성 L의 증언)

코로나19로 2020년 3월부터 독일에서 라거로 불리는 난민 숙소에 방문이 금지된 뒤, 난민의 목소리를 들을 수 있는 기회가 차단됐다. 현재 격리 조치가 완화됐지만, 여전히 병원 방문 등을 제외하고는 외출이 제한되고 있다. 이에 International Women* Space(국제여성공간, IWS)는 난민 여성들의 목소리를 녹음파일로 모으기 시작했는데 앞서 쓴 바와 같은 호소가 이어졌다.

이들은 모두 독일 브란덴부르크주에 위치한 각기 다른 지역의 라거에서 지내고 있다. 휴대폰으로 음성파일을 녹음해 보내는 일조차 난민 여성에게는 쉬운 일이 아니다. 대부분 라거에서 무선인터넷 서비스가 제공되지 않아 거주자는 한달에 약 15유로를 내고 모바일 데이터를 사야 한다.

코로나 발생 이후 난민은 더욱 고립됐다. 난민은 처음 독일에 도착하면 보통 약 500여 명이 함께 지내는 '특정접수센터'로 보내진다. 이후 난민신청서 등 여러 서류 작업을 한 뒤 거주 허가가 나면 라거로 이동하지만 체류 허가를 받지 못하면 강제추방당한다. 라거는 공공기관 건물이나 컨테이너, 천막촌 등 형태인데 대부분 도시 외곽이나 숲 한가운데 있고 출입은 철저하게 제한된다. 이로 인해 라거 거주자가 병원, 학교 등에 접근하는 것이 매우 어렵다.

요즘엔 시내에서 라거까지 드물게나마 운행되던 버스 서비스마저 중단됐다. 이 때문에 아이를 키우는 난민 여성은 한 시간 넘게 유아차를 끌고 걸어 나가 아기용품을 사야 한다. 의사와 진료 예약을 잡지 못해 아이가 예방접종을 하지 못하는 경우도 있다(독일은 응급 상황을 제외하고 의사와 약속이 있어야 진료를 볼 수 있다). IWS 동료인 케냐 출신 난민 활동가 라벤다는 "코로나 19로 이동 제한 조치가 시작된 지난 3월부터 다양한 코로나 예방 조치 정보가 제공됐지만 라거에서 지내는 난민은 정보 접근이 어려웠고 무엇보다 언어 제약이 컸다"며 "여성들이 보낸 녹음파일을 통해 수많은 라거에서 손소독제조차 없이 고통받고 있다는 것을 알게 됐다"고 말했다. 최근 베를린에서 25킬로미터 떨어진 포츠담에 있는 라거로 거주 장소를 옮긴 라벤다는 세 명의 여성과 함께 지내는데, 침대 공간을 제외하면 2평 남짓 되는 작은 방에서 지내고 있다. 이런 상황에서 사회적 거리두기는 당연히 불가능하다.

'코로나 공중보건 연구 네트워크'가 2020년 5월 말

발표한 자료에 따르면, 독일 내 난민수용시설 42곳에서 1,769명이 코로나19 확진을 받았다. 활동가들은 실제 감염된 난민 수가 훨씬 많을 것으로 추정한다. 예를 들어 바덴뷔르템베르크주의 한 특정접수센터에서는 거주 난민 600명 중 400명이 코로나19 양성 반응을 보였고, 바이에른주 지역방송은 바이에른 지역에서 1149명의 망명 신청자가 바이러스에 감염됐다고 보도했다. 이 중 세 명은 사망했다.

난민구호단체 '프로아질'(Pro-Asyl) 등은 밀집된 거주시설에서 위생 문제로 고통받고 있는 난민을 위해 여행 제한정책으로 비어 있는 호텔이나 호스텔 등을 난민 숙소로 활용할 것을 주장해왔다. 독일 질병관리본부에 해당하는 로베르트 코흐 연구소가 권장하는 위생 수칙을 지키고 사회적 거리를 유지하기 위해서는 현재 난민이 지내는 집단수용시설이 아닌 개별 방이 있는 장소가 필요하다. 이와 함께 활동가들은 난민이 코로나 관련 정보에 접근할 수 있도록 관련 정보를 여러 언어로 번역했으며, 언론에서 다루지 않는 난민 상황을 온·오프라인으로 알리기 시작했다. IWS은 2020년 7월부터 이주·난민 여성이 겪고 있는 상황을 알리기 위해 라디오·팟캐스트 방송 'IWS 라디오'를 시작했다.

코로나19 이후 격리조치로 독일 내 가정폭력이 증가했다는 연구 결과가 연이어 발표되고 있다. 라이프니츠경제조사연구소 등이 지난 4월 18~65세인 약 3800명의 여성을 대상으로 온라인 설문조사를 한 결과, 응답자의 3.1퍼센트가 격리 기간 중 신체폭력이나 성폭력을 한 번 이상 경험했다고 답했다. 격리 기간 동안 집에만 머물러야 했던 응답자 중 7.5퍼센트가 신체폭력을 경험했다고 답했고, 10.5퍼센트는 아동폭력을 겪은 것으로 나타났다.

이 통계에서도 난민은 배제된다. 격리조치 이후 라거에서 여성에 대한 폭력이 어느 정도 증가했는지, 대책은 무엇인지조차 찾을 수 없다. IWS 동료인 제니퍼는 "독일 언론은 코로나 발생 이후 여성 폭력이 증가했음을 알리면서 격리 공간이 여성·아동에게 얼마나 위험한지 보도했지만 라거의 여성들이 어떻게 지내는지 보여주지 않았다"고 지적했다.

라거에서 지내는 여성들이 격리조치 이후 겪는 성폭력에 관한 이야기는 2020년 6월 24일, IWS 사무실을 찾은 난민 여성들에게 직접 들을 수 있었다.

"최근 세 차례에 걸쳐 한 남자가 새벽마다 제 방에

침입했습니다. 시설에서 일하는 사회복지사에게 계속 도움을 요청했지만 '당신들은 가족처럼 지내야 한다'는 답변만 들었습니다. 보안요원에게도 말했지만 그 역시 아무런 조치를 취하지 않았습니다. 지난 주엔 그 침입자가 제 방에 찾아와 '너를 위해 아기를 만들어주겠다. 그럼 너는 이 격리시설에서 벗어날 수 있다'며 괴롭혔습니다. 끔찍한 날들입니다. 하지만 이런 문제로부터 우리 여성을 보호하는 것은 없습니다. 우리가 난민이기 때문이겠지요."(난민 여성 S의 증언)

"제가 지내는 시설은 다행히 방문을 잠글 수 있습니다(잠금장치가 없는 숙소가 흔함). 하지만 보안요원들은 모든 방문을 열 수 있는 카드를 가지고 있고 그들은 언제든 원할 때 여성들이 지내는 방에 방문합니다. 지난주 보안요원이 알몸으로 제 방에 몇 차례 들어왔고 저는 수치심을 느꼈습니다. 보안요원이 우리를 위협하는데 누구에게 이런 이야기를 할 수 있나요. 그래서 외국인청에 편지를 몇 차례 보냈으나 아무런 답변이 없는 상태입니다. 모든 방을 아무 때나 출입할 수 있는 환경은 바뀌어야 합니다. 우리에게도 인권이 있습니다."(난민 여성 T의 증언)

독일 시민들은 집집마다 난민에게
'국경을 열라', '누구도 소외되어서는 안 된다'고 쓴
펼침막을 내걸고 있지만,
난민 인권은 여전히 셧다운되어 있다.
©채혜원

현재 난민이 겪는 폭력에는 강제추방 위협도 포함된다. 국경 폐쇄와 봉쇄 조치로 항공기 운항이 대부분 중단된 2020년 3월에도 강제추방은 이뤄졌다. 독일 공영방송 도이체벨레 보도에 따르면, 지난 3월 12일 이른 아침 난민 신청을 거부당한 39명의 아프간인과 독일 보안요원 94명이 탑승한 비행기가 독일을 출발해 아프간 수도인 카불에 도착했다. 지금도 망명 신청이 거부되어 독일을 떠나야 하는 2만 4300명의 아프간인은 언제 추방될지 모르는 두려움 속에 지내고 있다.

2020년 6월 15일부터는 격리 조치 동안 중단됐던 더블린 조약에 의한 추방도 재개됐다. 난민이 가장 먼저 입국한 유럽 국가에서 망명 신청 절차를 밟도록 한 더블린 조약에 따라, 다른 유럽 국가를 거쳐 독일로 입국한 난민은 처음 도착한 국가로 강제이송될 위험에 처했다. IWS 동료인 키야가 말했다. "코로나19 이후 실제 여러 라거에서 난민에게 고국으로 돌아가겠다는 내용이 담긴 서류에 서명하라는 요구가 이어지고 있어. 전 세계가 팬데믹 충격에 빠져 있을 때 난민을 추방하다니. 믿을 수 없을 정도로 잔인한 현실이야."

전문가들은 수용시설 외에도 유럽 국경에서 난민이 위험한 상황에 처해 있으며, 코로나 위기 속에서 유럽의 난민 권리 보장은 철저히 실패했다고 비판의 목소리를 높이고 있다. 유엔난민기구에 따르면 2020년 3월 말, 난민 800여 명이 리비아에서 보트를 타고 유럽에 도착했다. 하지만 국경 폐쇄 이후 지중해에서 수색·구조 업무가 중단됐고, 이탈리아는 난민이 배에서 내리는 것을 거부해 그들은 2주간 보트에 갇혀 있었다. 지중해 가운데 위치한 몰타에서는 난민의 구조 요청을 무시한 뒤 몰타 해군이 보트를 보내 난민 보트의 전기 케이블을 끊는 일까지 있었다.

난민 및 유럽정치 연구자인 알리 카인은 '국제법·정책 여성 전문가 네트워크' 기고를 통해 "난민에게 국경 폐쇄는 사실상 집단추방이며, 이는 망명자가 박해가 우려되는 국가로 강제송환되는 것을 금지하는 농르풀망(Non-refoulement) 원칙◆에 위배된다"고 비판했다. 유럽연합 통계기구인 유로스타트에 따르면, 2019년 유럽연합 회원국 내 망명 신청자는 67만 6300명으로 전년 대비 11.2퍼센트 증가했다.

2020년 봄부터 쭉 굳게 문을 걸어 잠근 일부 라거처럼, 난민 인권 보호는 지속적으로 셧다운됐다. 시민들은 집집마다 난민에게 국경을 열라(Open the Borders), 누구도 소외되어서는 안 된다(Leave No One Behind)고

◆ 망명자를 박해가 우려되는 지역으로 송환해서는 안 된다는 원칙.

쓴 펼침막을 내걸고 목소리를 높이고 있지만, 이에 대해 답하는 이는 아무도 없다.

베를린에서 만난
특별한 여자들

#말라라이조야   #데보라펠드먼   #마리아슈라더

2018년 3월 8일 세계 여성의 날 집회 현장이었다. 베를린 국제주의 페미니스트 연합 멤버들과 함께 조직한 집회였고, 행진을 앞두고 우리는 최종 결정된 연사 리스트를 체크했다. 그러던 중, 익숙한 이름을 발견했다. 말라라이 조야(Malalai Joya). 말라라이 조야가 오다니! 집회에 모인 수많은 여성들 사이에서 얼핏 본 얼굴은 오래전 만난 그가 맞았다. 11년 만에, 그것도 베를린 여성의 날 집회에서 그와 재회한 게 믿기지 않았다.

그를 처음 만난 건, 2007년 서울 국제여성영화제에서였다. 당시 나는 아프가니스탄의 최연소 여성 국회의원인 말라라이 조야에 관한 다큐멘터리 〈행복의 적들〉(Enemies Of Happiness, 2006) 상영회에 갔었다. 페

아프가니스탄의 최연소 여성 국회의원인
말라라이 조야에 관한 다큐멘터리
〈행복의 적들〉.

미니스트저널 《이프》에서 인턴으로 일을 시작했던 내가 5년이 지나 온라인이프 칼럼니스트로서 찾은 현장이었던 터라 개인적으로 의미가 깊었고, 그래서 여전히 생생하게 현장이 기억난다.

〈행복의 적들〉은 말라라이 조야가 아프가니스탄 서부 지역인 파라(Farah)에서 국회의원에 출마해 열흘간 이어진 선거운동을 집중 조명한 다큐멘터리였다. 영국 BBC가 '아프가니스탄에서 가장 유명한 여성'이라고 칭한 그는 아프가니스탄에서 36년 만에 치러진 첫 총선이자 최초로 여성에게 투표권이 허용된 2005년 국회의원 선거에서 당선됐다.

의원이 되기 전 말라라이 조야는 미국과 나토군의 아프간 점령에 맞선 활동가로 살아왔다. 그녀가 유명해진 건 2003년 제헌의회에서의 발언 때문이었다. 의회에서 발언권을 얻어낸 그는 과거 군벌 출신인 의원들을 공격하면서 "나라를 망치고 여성들을 억압하는 저들은 국제 재판에 회부되어야 한다"고 주장했다.

국회의원이 된 이후 그는 정부와 국회에 대한 비판의 목소리를 더 높였고, 끝없는 살해 협박을 받았다. 그를 죽이려는 시도가 너무 많아서 사무실에 나갈 수조차 없었다. 그는 매일 죽음을 무릅쓰고 민주주의와 여성 권익을 위한 최전선에 몸을 던졌다.♦

이 다큐엔 아프가니스탄 여성이 처한 현실 또한 기록되었다. 말라라이 조야와 그 주변의 인물들은 아프간의 끊이지 않는 분쟁과 전쟁 속에서 민중이 겪는 가난과 고통을 여실히 전해주었다. 그의 고된 투쟁을 보는 내내 나는 마음을 졸였다. 무슨 이유 때문인지는 몰라도 영상 속 여러 여성의 눈빛이 계속 생각나면서 눈물이 멈추지 않았다. 영화가 끝나고도 일어나기가 힘들어 한참을 앉아 있는데, 눈앞에 말라라이 조야가 나타났다.

그와의 대화 시간이 예정되어 있지 않았는데, 그가 하고 싶은 말이 있다며 영화제 현장을 찾은 것이다. 출입국 기록과 외국에서의 활동이 모두 감시되고 있었는데도 그의 목소리는 묵직했다.

"적들은 내 목숨을 앗아갈 수도 있습니다. 그러나 내 목소리는 사라지지 않습니다. 내게는 민중의 목소리가 있으니까요."

그와 악수를 하며 손을 맞잡았을 때 내 손보다 더 작은 그의 손에서 온기가 느껴졌다. 그렇게 그는 내게 '꽃을

♦   결국 말라라이 조야는 국회를 비판했다는 이유로 2007년 의원직을 상실했다.

꺾을 수는 있어도 봄은 막을 수 없다'는 희망의 메시지를 남겨주고 떠났다. 그 메시지는 내 인생 첫 번째 칼럼 제목으로 남았다.

국회의원 활동이 강압적으로 중단된 이후 말라라이 조야는 전 세계를 돌아다니며 작가이자 활동가로 살고 있다. 살인 협박은 그치지 않았다. 하지만 그도 멈추지 않았다. 미국과 캐나다, 프랑스 등 수많은 외신에 아프가니스탄의 현실을 알렸고, 책도 출간했다. "적들은 내 목숨을 앗아갈 수 있지만, 내 목소리는 사라지지 않는다"고 말했던 그녀는 10년 넘는 시간 동안 그 말을 지키고 있었다.

집회에서 긴 행진을 이어가며 그의 목소리를 들었다. 집회 행렬의 열기와 거리의 소음이 뒤섞여 내용까진 정확히 들을 수 없었지만, 변함없는 그 목소리가 반가웠다. 그는 네 살 때 이란의 난민캠프에서 지내다 파키스탄에서 교육받은 경험을 들려주며 난민 지원 대책의 필요성을 외쳤고, 전쟁 속에서도 더 나은 세상을 꿈꾸며 매일 학교에 가는 용기 있는 아프가니스탄 학생들의 이야기를 전해주었다.

지금처럼 길 위에 서 있다 보면 언젠가 다시 그녀를 만날 수 있으리란 생각이 들었다. 오래전이나 지금이나 나는 말라라이 조야를 응원한다. 그와 같이 사라지지 않

마리아 슈라더 감독의
첫 넷플릭스 시리즈 연출 작품인
‹그리고 베를린에서›(Unorthodox, 2020).
뉴욕 윌리엄스버그의
하시디즘 유대교 공동체를 떠나
독일로 온 데버라 펠드만의 소설을
원작으로 하고 있다.

베를린에서 만난 특별한 여자들

을 목소리로 무언가를 말하는, 세계 곳곳의 모든 여성의
발언을 지지한다.

◦₀◦

말라라이 조야에 이어 베를린에서 이뤄진 또 하나의 특
별한 만남이 있다. 코로나19로 인한 첫 봉쇄조치로 도시
전체가 회색빛으로 변하고 있던 2020년 봄이었다. 나는
베를린 미테 지역을 지나가는 도시철도 에스반(S-Bahn)
에서 작가 데보라 펠드먼을 마주쳤다. 그의 책에 관심이
있어 여러 자료를 찾아본 후라 얼굴을 바로 알아볼 수
있었다.

　'데보라 펠트먼 같은데. 넷플릭스 시리즈 〈그리고
베를린에서〉 너무 인상적으로 봤는데. 말을 걸어볼까?
불편해하려나. 데보라가 아닐 수도 있지. 책도 아직 다
못 읽었고⋯'

　이런저런 생각으로 망설이는 동안, 아쉽게도 이미
그의 뒷모습은 멀어져갔다. 넷플릭스 시리즈 〈그리고 베
를린에서〉의 원작 작가인 데보라는 1986년 뉴욕 윌리엄
스버그의 하시디즘 유대교 공동체에서 태어나 자랐다.
독일인 어머니는 데보라가 어렸을 때 떠났고, 헝가리 출
신 홀로코스트 생존자인 조부모와 함께 살았다. 여학생
을 위한 종교 학교에 다녔고, 17세에 공동체 안에서 결혼

했다. 여성에게만 적용되는 셀 수 없이 많은 규칙이 있는 삶을 벗어나 여덟 살 된 아들을 데리고 2015년 베를린으로 이주했다. 싱글맘, 독립 여성, 종교 난민으로서의 여정을 담은 그의 책 «언오서덕스»(*Unorthodox*)와 «엑서더스»(*Exodus*)은 베스트셀러에 올랐다.

2020년 3월, 베를리너들 사이에서 ‹그리고 베를린에서›는 연일 화제였다. 여름이면 친구들과 수영하러 가는 반제(Wannsee)에서 주인공 에스티가 자유를 향해 발걸음을 내딛는 장면, 일을 마치고 석양을 바라보며 맥주나 차를 나눠 마시던 공원에서 에스티가 해방감에 소리치는 모습 등 우리는 드라마에 등장하는 베를린에 대해 며칠이고 수다를 떨었다. 어느 날, 영화 쪽에서 일하는 친구와 이 드라마 이야기를 나누다 특별한 정보를 들었다.

"이 드라마 감독이 누군지 알아? 너 혹시 독일 영화 ‹아무도 나를 사랑하지 않아›(Keiner liebt mich, 1994) 봤어?"

"응! 나 도리스 되리(Doris Dörrie) 감독 좋아해. 그거 한국에서는 ‹파니 핑크›로 개봉했었는데 마니아층에서 인기 꽤 많았어. 나도 여러 번 봤고!"

"그래? 그 영화 주인공 파니 핑크가 이 드라마 감독이야!"

흥분을 감추지 못하고 바로 검색을 해봤다. 마리아 슈라더(Maria Schrader). 그가 맞았다. 15년 전에 본 독일 영화 여주인공이 〈그리고 베를린에서〉 감독이라니! 게다가 난 몇 주 뒤 〈파니 핑크〉 감독인 도리스 되리를 만나는 이벤트에 가는데! 이게 우연일까? (도리스 되리는 꼭 한번 만나고 싶어 독일에 사는 동안 항상 기회를 탐색하곤 했다. 드디어 '도리스 되리의 삶과 글쓰기 그리고 숨'이라는 제목으로 문학 행사가 열린다는 소식에 바로 예약을 했었다. 행사 날인 5월 11일을 하루하루 기대하며 지냈지만, 코로나로 인해 10월로 연기됐다가 결국 행사는 취소됐다. 지금은 언제 다시 열릴지 기약할 수 없다는 주최 측의 편지만 남았다.)

1965년 독일 하노버에서 태어난 마리아 슈라더는 빈에서 연기 학교를 다녔고 이후 오스트리아, 이탈리아와 독일에서 배우로 일했다. 영화로 데뷔한 것은 1989년인데 이후 그는 시나리오 작가 일에도 도전했다. 배우로 이름을 알린 그는 2005년 처음으로 영화를 연출했고, 〈그리고 베를린에서〉는 그의 첫 넷플릭스 및 TV 시리즈 연출 작품이다. 현재 21살인 딸과 베를린에 살고 있다.

이렇게 드라마 여운이 이어지던 어느 날, 베를린 매체 《베를리너차이퉁》(Berliner Zeitung) 기사를 보다 얼마 전 미테 지역에서 마주친 사람이 데보라 펠드먼이란

도리스 되리 감독 영화
〈아무도 나를 사랑하지 않아〉(Keiner liebt mich, 1994) 포스터.
영화 여주인공 '파니 핑크' 역을 맡았던 마리아 슈라더는
현재 영화감독이자 각본가로도 활약 중이다.

확신을 얻을 수 있었다. 마리아 슈라더와 데보라 펠드먼이 나눈 인터뷰 기사였는데, 인터뷰 장소가 그날 내가 데보라를 보았던 근처 극장이었다.

인터뷰 기사 덕에 드라마 안팎의 이야기를 들을 수 있었다. 드라마는 원작 소설과 많은 부분이 달라졌는데도, 데보라는 드라마를 보는 게 쉽지 않고 때론 과거 유대인 공동체에서 느꼈던 고통이 다시 자신을 엄습한다고 말했다. 베를린에 정착하기까지 힘들기도 했지만, 이젠 베스트셀러 작가가 되었고 아들도 독일어를 열심히 배워 새로운 세계에서 길을 찾은 것 같다며 안도하기도 했다.

사실 〈그리고 베를린에서〉는 유럽 내에서도 큰 인기를 끌어 유럽의 여러 영상 페스티벌 경쟁 부분에 초청됐지만 코로나 19로 인해 모든 행사가 취소된 상태다. 다음 시즌 촬영에도 큰 지장이 생겼고, 독일 내 여러 도시에서 열리기로 한 관련 이벤트도 기약 없이 연기됐다.

마리아와 데보라는 젊은 여성이 자아를 탐구하고 자신의 진정한 공동체를 찾기 위해 세상으로 나가는 이 드라마를 함께 만들며 "아름답고 위대한 시간을 보냈다"고 입을 모았다. 그리고 나는 이 둘의 이야기를 읽으며 이런 여성들이 베를린이란 도시를 만들어가고 있음을, 그 여성들의 이야기가 켜켜이 쌓여 베를린을 더욱 매력적인 도시로 만들고 있음을 절감했다.

베를린에 살면서 유럽의 다른 아름다운 도시를 여럿 여
행했었다. 하지만 여행이 끝날 즈음 나는 늘 베를린이 그
리웠다. 내 보금자리가 있는 곳이어서 그렇겠지만, 이렇
게 도시의 역사를 새로 써가는 여성들이 있다는 이유가
컸다. 그들은 내가 앞으로 어떻게 살아가고 싶은지 지표
를 세우는 과정에 끝없이 영감을 불어넣어준다.
　　누군가에게 베를린은 힙스터의 도시 혹은 세련된
카페 문화가 만들어지고 스타트업과 패션 산업중심지로
뜨고 있는 곳이지만, 내겐 이런 곳이다. 말라라이 조야
에서 도리스 되리, 마리아 슈라더와 데보라 펠드만으로
연결되는 놀라운 만남과 인연이 이어지고 수많은 여성
연대가 이뤄지는 도시. 부디 펜데믹이 종식되고 다시 예
전처럼 베를린 곳곳에서 특별한 여성들을 만날 수 있기
를. 오늘도 그날을 기다린다.

채혜원 지음

저널리스트이자 독일 베를린의 국제 페미니스트 그룹 'International Women* Space(국제여성공간)' 활동가.

유럽 젠더 이슈를 취재해 《한겨레》 《일다》 등 언론매체에 기고하고 한국여성정책연구원, 한국양성평등교육진흥원 등 여러 정부 기관과 연구원의 현지 연구조사원으로 보고서와 논문을 쓴다.

독일로 가기 전에는 페미니스트저널 《이프》 인턴기자를 시작으로 《우먼타임스》 《여성신문》 취재기자, 서울시 여성가족정책실에서 전문직 공무원으로 일했다.

어떤 자리에서든 여성의 이야기를 기록하는 일만큼은 손에서 놓지 않았다. 기록은 존재를 대신한다고 믿으며 독일과 한국, 그리고 또 다른 곳에서 여성을 위한, 여성에 의한 기록을 이어나가고자 한다. 지난 5년간 독일에서 페미니스트들과 보낸 연대의 시간을 기록한 이 책이 그 첫 번째 결과물이다.

혼자가 아니라는 감각

: 베를린 페미니즘이 우리에게 말해주는 것

채혜원 지음

초판 1쇄 인쇄   2021년 4월 5일
초판 1쇄 발행   2021년 4월 15일

ISBN 979-11-90853-11-8 (03330)

발행처	도서출판 마티
출판등록	2005년 4월 13일
등록번호	제2005-22호
발행인	정희경

편집	서성진, 박정현
마케팅	주소은
표지 디자인	박연미
본문 디자인	조정은

주소	서울시 마포구 잔다리로 127-1, 8층 (03997)
전화	02. 333. 3110
팩스	02. 333. 3169
이메일	matibook@naver.com
홈페이지	matibooks.com
인스타그램	matibooks
트위터	twitter.com/matibook
페이스북	facebook.com/matibooks